33個人生故事

黃珊珊——著

推薦序

祝願

司法院前大法官　黃茂榮

雖說「師者，所以傳道、受業、解惑也」。但能有多少傳承，實在不好說。珊珊跟我提起，當年如何受到啟發，而有今天的志願與發展。我祝願她能一本初衷，圓滿實現她從政的目標——為從政者樹立一個新的標竿：熱情關心人間的苦難，共同理性的認識問題，克服不當的法規障礙，解決問題。

珊珊是一位善良、誠實、勤奮且聰明的人，只要她虔誠發願，持之以恆，當可心想事成：給大家一個美好的未來。爰為她試擬願文，勉勵如下：

如果有機會，我將

（一）一本初衷，熱心關懷民生疾苦。

（二）認真學習，透過產業調查及社會調查，力求如實理解各行各業，以及各個階層之困難與需求，量力而為，幫助其克服或實現。

（三）術業有專攻，個人的知識與智慧，一定會有所不足，所以，我將禮聘熱心公益之教授、教師及各方賢達，帶領大學學生及研究生，與市府同仁，探討各種市政問題，共同努力，協助臺北市政府，把臺北市建設成一個公平、有效率，並充滿愛心關懷的城市。

（四）當中，我會特別注意：⑴快速解決無殼者之合理居住，⑵外食者之飲食健康，以及⑶年輕學子之教育的改善，和⑷通勤者之交通費的負擔，以及⑸幼兒、單親家庭、獨居或老人家之生活照顧的問題。

（五）各種市政服務，有許多具有自償性，我會注意提高這些服務的效率，讓鄉親可以減輕負擔，受到確實的服務。

（六）經濟學上有兩個章節特別與效率有關：資訊不對稱及經濟活動之外

部性。我會善用經濟學的知識，縮短交易雙方資訊不對稱程度，降低交易成本，改善交易秩序，防止詐騙，以確保消費者在房屋交易、食品交易的安全；針對經濟活動之正面及負面的外部性，提供必要的補貼，或課以適當的規費，將其外部效益或成本內部化，以提高效率，增進福利。

讓我們一起努力，誠實、公平、有效率的打造一個美好的臺北市。

我的學生黃珊珊

高雄市立鳳西國中退休教師　林辰忠

今年三月份的某一天，珊珊突然打電話給我，說她準備要出書，叫我幫她寫個序。當時心中有點誠惶誠恐，我說寫序不是應該找社會賢達人士或知名學者嗎？怎麼會輪到國中的任課老師呢？她解釋說這本書的內容是有關於她成長、就學、進入社會、服務人群的心路歷程，都是與大眾有關的平凡事。

其實，她從政以來，每天所做的事情都是老百姓平凡中的不平凡事。電話中，她特別強調國中時期我最瞭解她，由我提筆最恰當。想一想的確也是如此，所以樂意地接受她的請求。因此，我開始整理一下我的思緒，把對她的瞭解，據實地、簡單扼要地做下列的敘述。

一．天賦異稟、求知慾強、謙虛有禮的珊珊

珊珊的爸爸因為是軍人退役轉職警察的關係，兩種職業的工作地點時常會調動，她也必須跟隨著家人居無定所似地轉入當地附近學校就讀。國中時期進入當時高雄縣的明星學校鳳西國中就讀。我剛好派到她班上任教英語。七〇年代一股升學主義掛帥的風潮，逼得一般學生在課業上幾乎喘不過氣來，可是對珊珊來說，在她臉上似乎看不出絲毫的倦容。大概是天資聰穎、學習能力強的關係，她每天總是帶著輕鬆愉快的心情來學校上課。三年來，無論大小考試總是全年級名列前茅，無人能出其右。在生活上，她絕對不會因為成績優異而表現出傲不可及的態度，反而下課時間時常協助成績有差異的同學。平時對師長更是謙虛有禮，她的每位任課老師無不對她讚許有加。很快她就成為全校的風雲人物。

二．慈悲善良、誠懇積極、感性又理性的珊珊

國中畢業後，珊珊沒有在南部升學，直接北上考取北一女。在就讀北一女期間發生一件最令我感動的事。一般國中通常會安排三年級的學生在第一學期提早舉辦畢業旅行，南部國中生往中北部跑，北部國中生往中南部跑。本校的準畢業生當時有一個行程安排到臺北國父紀念館。當天傍晚時分，有一位穿著小綠綠制服、揹著書包的學生跑來見我。當時我心裡沒有準備嚇了一跳，一看原來是珊珊。

當時對我來說真是巧遇，對珊珊來說應該是早有計劃，她不知從何處探聽我們的行程會到國父紀念館，猜想她早就在那邊等我們了！幾分鐘交談後，她要求我引領去見其他教過她的老師們。從這件事讓我深深感受到珊珊真是一位很細心感性的人。

另一件值得一提的事，記得珊珊在臺北當律師時，有次自行開車南下高雄見我。在離我家不遠的一個十字路口與一對騎著機車相載的夫婦擦撞，太太小

腿擦傷。珊珊立即打電話給我，我們即刻送這位太太到附近的診所敷藥。之後珊珊突然向前擁抱這位太太，不知是這位太太被眼前這位小姐的心地善良或是她的舉動積極又誠懇所感動，竟然破涕為笑。

隔天，我與內人又送了水果去拜訪這對夫妻，珊珊回臺北後也一直打電話關心他們，這樁小事很快就圓滿處理了。（其實根據當時的情況描述，珊珊並沒有錯，只是那個年代只要大車跟小車有事故，通常是大車比較吃虧。）

由這些小事可以看出珊珊的確是一位心地善良、處事積極的人。

三．善解人意、懷念過往、關心朋友的珊珊

前面有提過珊珊不僅是感性而且也是很念舊的人。兩年前的七月某天，珊珊抽空南下高雄，並邀約幾位國中同學一起到我家。當下我送給她一生最難忘的禮物——就是自從她就讀北一女到當律師的這段期間，寫給我的二十幾封信件的拷貝版。我當天跟她開玩笑說，「妳是律師，應當知道妳寄給我的原稿，已經是屬於我所擁有的財產了。」

三十幾年前的信件，我們為何能夠一直保存下來？其實這該歸功於我太太喜歡保存有意義的東西。一九八〇、一九九〇年代，當時電腦才剛萌芽，更遑論手機了，所有書信往來皆用手寫，珊珊的書信讓人欣賞是因為字體工整漂亮、文筆流暢，如同跟你在眼前聊天一樣。每封信紙至少二、三張，真是文思泉湧。最讓我感到驚訝的是，這二十幾封信從未發現有任何一字塗改。如此完美的書信怎麼捨得丟棄呢！

幾位同學也相當好奇，想知道她在信件裡跟老師談些什麼？在書信的作者同意下，幾位同學高興的閱讀其中幾封信，異口同聲地大喊，原來珊珊對政治與法律的興趣不是從高中才開始，甚至於可追溯到國中或國小。

今年228假期，珊珊騎腳踏車南下彰化，再搭車到高雄看我，同時與幾位老同學歡聚。從家庭、小孩教育談到彼此健康的問題，言談之中珊珊對所有同學表現出最大的關懷。

四．外柔內剛、做事果斷，論述條理分明的珊珊

珊珊對政治、法律不僅只是興趣而已，可說是已到堅定不移的地步。在她的信件中曾經提到，聯考前夕，她的家人與長輩們都希望她未來能行醫救人，她當時執意要攻讀政治和法律，並認為讀法律與政治更能擴大服務大眾的機會，施展她的抱負。最後在她的堅持下，親朋好友只好進行表決，結果是20比1票。雖然沒人認同她的想法，她還是堅持她的理念，不改初衷，最後家人爭不過她，只得讓她去實現她的夢想。她就讀法律之前確實曾經遭遇到一些挫折，她還是一一的克服了，而且比別人走得更快、更準，大四畢業就通過律師高考。

行醫與從政雖然領域不同，但是目標是一致的：服務大眾，救國救民。個人覺得，自她從政以來，聰明才智加上堅強的意志與果決的判斷力，就是解決百姓問題的最大本錢。偉大的政治家、思想家國父孫中山先生曾說：「聰明才智越大者，當服千萬人之務，造千萬人之福；聰明才智略小者，當服百十人之務，造百十人之福。」

以我對學生的瞭解，在服務大眾的這條路上，她絕對有「當服千萬人之務，造千萬人之福」的資格。

前言

如果還有明天
當讓「世界更美好，人民更幸福」

人生對我來說，不論求學、就業、選舉，一直都是非常順遂。但在二〇一五年經歷過一場大病、並從加護病房撿回一命後，人生對我而言，又有了不同的意義。對於一個經歷過生死，能將生死看淡的人而言，人生的順逆，又還有什麼事情值得擔心呢？

二〇一五年一月六日晚上六點左右，我還沒意識到發生什麼事，就已經昏倒在家中了。再度恢復意識已經是在加護病房，身上插了管子，無法動彈。看著醫護人員忙碌的操作各種儀器，腦海中不由自主地迴盪薛岳的那首歌：「如果還有明天，你想怎樣裝扮你的臉……」。

我沒有恐懼，因為我覺得自己過去的生命歷程夠精彩了，但我還是有遺憾，心裡牽掛著十三歲的兒子和八十五歲的媽媽，還有跟了我至少十幾、二十年的助理們。我還有很多想做的事，我還想照顧更多的人。我默默想著，如果還有明天，我一定要好好照顧自己的身體，一定要用笑容面對這個世界，一定要把身邊所有的人都照顧得更好。

獲准離開加護病房時，醫生告訴我：「真的只差一點點，妳就再也醒不過來了。」這一場讓我差點醒不過來的病，讓我重新審視自己的人生。躺在病床上，我想起一個好朋友教過我的方法，利用兩個表來充分掌握自己的人生：一個表列出自己想做的事（To Do List），另一個表列出再也不想做的事（Not To Do List）。人生苦短，想要做的事情就要趕快去做，不想再做的事情，就要趕快從自己的人生當中，一件一件的刪除掉（Delete）！

不列表不知道，當我把想做與不想做的事情列表後，才發現人生中竟然有那麼多的衝突與妥協，如果當時真的沒有再醒過來，沒想到遺憾竟然還有那麼多。痊癒後的這些年，我努力生活，不再勉強自己做不想做的事，我很開心把Not To Do List上面的事情全部Delete完了！而To Do List的項目卻變得愈來愈多，而且每天還在持續增加新的內容，我快樂地消化、吸收各種新知，每天都覺得自己的生命更豐盛、更圓滿！

還記得出院不到半年，立委選舉就進入熱戰期，為了政黨的付託，我義無反顧的抱病參選。但畢竟剛剛重病初癒，體能狀況非常差，加上吃藥導致水腫，一口氣胖了十多公斤，體力差到根本沒辦法掃街拜票，但既然參選就必須盡心盡力，整個團隊還是決定拚了！他們為了我能不能登上選舉戰車掃街，徵詢了好幾位醫師，也沙盤推演了老半天；大家可能很難想像，光是站在車上揮揮手，對於當時的我來說，是多麼大的負擔。

選舉最後的結果不如人意，二〇一六年一月，在我生病剛好一年之後，立委落選了。現在回頭再看，這未嘗不是老天爺給我的另一份禮物！因為落選，我才能真正有時間好好開始調養身體，也才能靜下心來，認真檢視我的「To Do List」和「Not To Do List」，也就是在這段期間，我與前夫協議離婚，由我取得兒子的監護權，開始獨力扶養他。

二〇一五到二〇一六的這一年，看似是我人生的低谷：包括險些致命的大病、強撐病體參選、在支持者的淚水中落選、加上結束十九年的婚姻，這一年可以說是我人生中最辛苦、最黑暗的一段日子。但同樣的，這一年卻也讓我刻骨銘心，因為有太多故事可以分享，太多回憶值得珍惜。

這一年是一個明顯的分水嶺，可以說我之前的人生太順利了，幾乎未曾遇到過重大挫折：求學生涯輕鬆愉快；二十三歲當上律師，非常快速成為律師事務所合夥人；二十八歲選上議員，又連選連任六屆，可以說是意氣風發。但就因為這樣，所以我沒有警覺地揮霍年輕歲月，無限量地預支體力、透支精力，生活作息長年不正常，健康檢查紅字一大堆，但卻始終不以為意。這場突如其來的大病，應該就是老天爺讓我停下腳步，認真看看自己、切實想想未來，我還能為自己身邊的人以及自己長年生活的地方做些什麼？

十五歲時的我，懷抱夢想負笈北上求學，然後讀書、就業、從政、成家、生子，完全沒有離開過臺北這座城市。這些年，我看到臺北的變化，看到臺北對臺灣帶來的影響，形容臺北市就是臺灣進步價值的起源地也並不為過。因此，我對臺北市的尊敬與熱愛，很難用筆墨形容，對於臺北市未來的期待，也很難向他人表述，但我知道，堅持做對的事情、做好自己本分該做的事情、所做之事都對得起自己的良心，那就對了。

每個人的生命其實都很短、很珍貴，因此，我不想浪費時間與精力去生氣與懊悔，只要是對的事情，我就勇敢去做，任何人都不能影響我的抉擇與判斷，一場大病讓我在生死之間徘徊，但也讓我深思，我在這個世界存在的價值與意義！活下來，就要好好地活！拚了命地活！我要堅定地「做自己」，勇敢去做自己認為對的事情，不管有多大的困難，只要是對的事情就要堅持。

我要努力讓「世界更美好，人民更幸福」。

❖ 趁著午休時間，漫步在市政府附近的林蔭步道，看著藍天綠樹，心情也會莫名愉悅起來。

目錄

目錄

01 四歲就會讀報紙

我並不是在期待下誕生的小孩，因為媽媽發現懷了我的時候，其實是驚嚇多過驚喜。

那時媽媽已經超過四十歲，而且我們家已經有五個孩子，大哥和大姐都唸軍校了，連最小的哥哥都已經六歲，況且爸爸是職業軍人，經常不在家，家裡太窮了，真的養不起也照顧不了這麼多小孩，所以二姊三歲的時候，媽媽把她交給外婆照顧；哥哥和姊姊都是國中畢業就進軍校就讀，以減輕家庭負擔，所以當媽媽發現又懷了孩子，真沒打算把我生下來。

一來媽媽覺得自己生太多孩子，身體早已沒有再懷孩子、生孩子的本錢，更沒有帶孩子的體力；二來她已經四十多歲，真的已經是超高齡產婦，而高齡懷孕對媽媽和小孩來說，都有很高的健康風險。

可是命運就是這麼奇妙。媽媽牽著小哥到醫院，準備請醫生進行墮胎手術。媽媽說，那天醫院裡人很多，醫生忙碌不已，她等了好久，醫生一直沒空看她，加上小哥在旁邊哭鬧不休，她覺得又累又熱又煩。當小哥又開始吵鬧，她一氣之下，就牽著哥哥回家了！於是我有驚無險的成為家中老六。回想起來，還真要謝謝那位忙碌的醫生。

媽媽生我的時候，叫大姊請假回家照顧弟弟妹妹。那時就讀國防醫學院的大姐，她在假單上寫「請假原因：媽媽生產」，教官還以為大姊騙她，要罰她關禁閉，因為大姊那年已經十六歲了。

我出生在臺中后里。出生不久，爸爸就輪調到臺東、澎湖、鳳山等地，我們也跟著爸爸四處遷移，處處為家。

小時候的我有幾個傳奇，媽媽總是樂此不疲地說給親友們聽。好比四歲那年，我們住在警察新村。有天，我拿著《中國時報》一個字一個字的念給媽媽聽。

媽媽大驚，「這個小孩怎麼了？為什麼認識字？」

我為什麼認識字？

有人問是不是幼稚園教的？不是，因為我六歲以前沒上過一天學，也沒去過幼稚園。

四歲時，媽媽問我要不要跟鄰居的小孩一樣，去上幼稚園？她還帶我去看了學校的環境，我看完立刻說「不要！」當時的我覺得要上學就該讀有大房子、大操場，什麼都大大的小學，就是我家附近的馬公國小，才不要讀這所小小的幼稚園。所以我拒絕上幼稚園。每天在村子口等著鄰居們下課回來跟我一起玩，日子照樣過得好開心。

沒上幼稚園倒也不妨礙我學習新知；我的天性愛湊熱鬧，小哥讀什麼，我就跟著讀什麼，所以他的課本我也跟著翻看，加上從小喜歡看電視，整天看電視字幕跟著認字，很快就認識了一大堆字。所以四歲就會讀報紙，我的啟蒙老師可能就是電視。

❖ 全家福：爸爸媽媽，哥哥姊姊和我（當然是最可愛的那個）。從小大家都想管我，好像家裡有四個爸爸、三個媽媽。

小時候的我個性就很倔強，有一回媽媽想幫我買雙鞋，我們在澎湖馬公逛街，從街頭走到街尾，一整條街上找不到一雙我想要的鞋子。試穿的每一雙鞋，媽媽都問我好不好？我都不要。我從小就知道很多事情不能將就，非找到自己喜歡的不可。媽媽也尊重我的意願。

終於到了六歲，可以讀小學了。

記得第一天上課，老師點名，被叫到的人要舉手回答，他喊「黃珊珊」卻沒有人回答；班上同學左看右看，誰是黃珊珊？而我，也在左看右看，誰是黃珊珊呢？這個小朋友真奇怪，怎麼不舉手呢？

經過一番詢問，老師發現我就是黃珊珊，我還很有自信的說，「我不是。我叫『黃小美』。」因為在家裡，大家都叫我「小美」，我一直以為我的名字就是「黃小美」，根本不知道爸媽幫我取的名字叫做「黃珊珊」。

所以開學第一天，我就被罰寫「黃珊珊」一百遍，好冤啊！

至於為何叫黃小美，因為我小時候頭髮不多、長得很醜，被鄰居喊「醜八怪」，爸爸當然很生氣，天天喊我「小美人」，這樣叫久了，哥哥姊姊、鄰居、朋友，身邊每個人都喊我「黃小美」，甚至連我媽都跟著我改名「老美」，因為鄰居老喊我「小美」，就順道喊她「老美」。

02

恭喜又多活了一年

小時候過生日，媽媽總會對我說：「恭喜妳又多活了一年。」因為我從小體弱多病，每一年我過生日，都讓她感謝小女兒又多「賺」了一年。

我小時候的身體有多弱呢？首先，我經常生病，只要流行感冒，我一定跟上流行，經常進出醫院。此外我還得了腎臟炎，導致全身水腫；為了治療，我打針打到屁股都硬掉，護理師

❖ 我們小時候隨著爸爸職務調動，搬了好幾次家。小哥跟我年紀最近，他學什麼，我就跟著學什麼。

找不到可以下針的地方；當時不管是媽媽或我都真的很辛苦。

而且為了控制水腫，媽媽還得費心為我準備不加鹽的水煮食物，避免我吃藥排除水份後，鹽又讓水腫難以排除。就這樣，我過了三年的無鹽日子。

生活中沒有鹽，會讓食物淡而無味，但我可不能讓生命淡而無味！所以從小我就是個很能夠自得其樂的小孩，自己找開心。好比還在馬公的時候，常常和媽媽到海邊撿貝殼，各式各樣的貝殼都能帶給我無比的驚喜。想起童年，我非但不覺得生病很苦、很無聊乏味，反而記得每天都玩得很開心，每天也都有不同的開心。

這些開心主要是有媽媽的陪伴。她當然也會管我，但我對她來說就是家裡年紀最小、最疼的小女兒，自從小哥國中畢業念軍校之後，哥哥姊姊們長時間都在外面工作、讀書，家裡只有我這個小孩。媽媽一路陪著我面對各種疾病的折磨，她一方面心疼我，一方面也很尊重我的想法，給了我很大的空間。而且每天中午，她還會專程送便當到學校給我吃。到現在，每次回家看媽媽，她都會提前準備燉牛腱，讓我們帶回家。

媽媽確實很樂天，如果家裡有一個像我一樣常生病的小孩，應該整天愁雲慘霧；但我媽不一樣，每年我過生日，媽媽都會說，「恭喜妳又多活一年！」彷彿我只要能在她眼前活蹦亂跳，都是她「賺」到的。

我想，她看著我生病一定也是心如刀割，但一路陪著我「山窮水盡疑無路、柳暗花明又一村」的長大，反倒讓她把「每一天的我」都當作禮物。有這樣的媽媽，我一生都覺得溫暖。

後來隨著爸爸工作轉換，我們家搬到鳳山，我也突然從馬公的快樂天堂掉進地獄。因為外島的教學進度跟臺灣本地的國小不同，課業競爭壓力自然也不同。

我轉到新學校時，老師正在教九九乘法，而我發現同學居然都會，但我根本沒看過也沒學過，當然上課上得滿頭包。我猜老師跟同學們的心裡可能都在想：這個小孩好笨，連九九乘法表都不會。

我放學回家立刻跟爸媽求救。爸爸特別花了點時間向我說明，九九乘法表是怎麼回事。下一次月考，我就考了全班第一名，當場讓老師改觀，這個從馬公轉來的小孩還挺會唸書的。

後來有一回我罹患盲腸炎，緊急開刀後必須住院療養。那次整整請假一個月，同學每個星期都會帶著老師交代的作業來看我。於是我在病床上也跟著看書、寫作業。我痊癒返校上課不久就遇到月考，成績公布，我居然又考了班上第一名！

整整一個月沒上學卻能考到全班第一名，就成了我的另一個傳奇事蹟。那天老師驚訝到不可置信。我知道自己真的還挺會讀書。

❖ 黃老美與黃小美。我從小跟媽媽特別親，她發現我很有主見，願意尊重我的想法，給我很大的發展空間，所以童年過得非常開心。

03 全校老師總動員

二〇二二年，我完成單車一日北高活動的自我挑戰。凌晨騎到彰化，稍微睡一下補點眠，下午就跟我在高雄鳳西國中的林辰忠老師見面聊天。他是我三十幾年前的國中英文老師。

老師請我和國中同學吃飯，還附上幾封信的拷貝版。他鄭重地交付給我說：「這是我的財產，所以，只給妳影本。」

我一看，是我的筆跡與署名。

原來這是我三十多年前用作業紙當信紙，寫給他的信。越讀越驚奇，怎麼每一件事情看起來都很陌生，完全不復記憶？

林老師說：我畢業之後，一共寄給他二十多封信。

我說，「可以全部給我看嗎？」

他說：不行。但會看我的狀況，傳給我一些當年的信件，一種用「穿越時空的信件」幫我進補、打氣的概念。有這麼好的老師，真的是學生一輩子的福氣。

我翻閱這幾封信：高一那年，我煩惱著不知該選社會組還是自然組；高二又問老師，到底要不要從自然組轉社會組？因為我居然從第二名掉到第四名，開始恐懼會不會更加落後？

十八歲的我，煩惱著未來。全家都說以我的資質一定要讀醫科，但其實我想唸法律或讀政治，因為可以報效國家。

原來，學生時期的我就隱隱然知道自己的志趣，早有「福國利民」的念頭，但當年種種因素影響下，我還是選擇自然組。

下一封信：我告訴老師：我成了事務所的合夥人，而且要結婚了！

另一封信告訴老師，律師事務所好忙，天天加班，忙到沒有新婚的感覺。

生命中每個轉變，我都會寫信給林老師，向他報告我的人生進度。

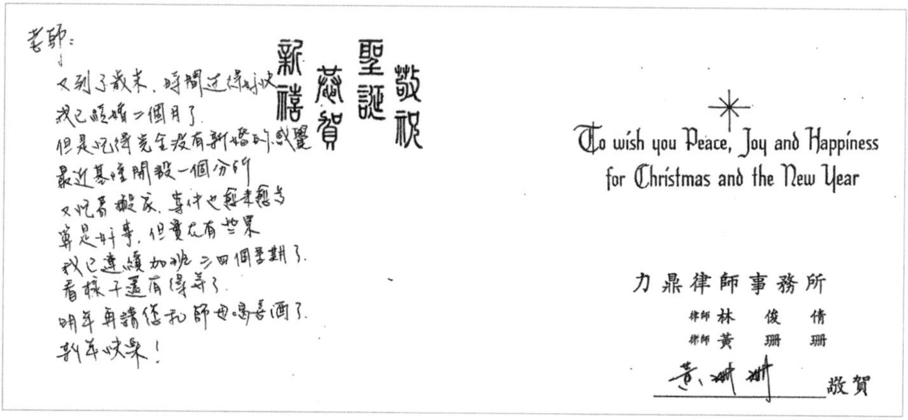

老師：
又到了歲末，時間過得好快
我已結婚二個月了
但是忙得完全沒有新婚的感覺
最近基隆開設一個分所
又忙著搬家，事情也愈來愈多
算是好事，但實在有些累
我已連續加班二四個星期了
看樣子還有得等了
明年再請您和師母喝喜酒了
新年快樂！

敬祝 聖誕
恭賀 新禧

To wish you Peace, Joy and Happiness
for Christmas and the New Year

力鼎律師事務所
律師 林俊倩
律師 黃珊珊
黃珊珊 敬賀

林老師其實不是我們班的導師，我卻特別崇拜他。可能因為當時我的周圍從爸媽、兄姐到鄰居，全都忠黨愛國，我從沒聽過任何批評執政當局的話，也沒認真思考過什麼是民主、什麼是公義？更沒想過臺灣那時的政治制度，到底是威權還是民主？

林老師在課堂上會評論時事，談哲學，談理念，他的觀點都是我從沒聽過的看法；讓青春的我頓時覺得熱血沸騰，我心中反抗威權的火種，應該就是在那個時候被點燃！

林老師的英語課，其實是我獨立思考、批判性思考的啟蒙課。

明明是不對的事情，怎麼可以因為你是我家人、或是朋友、或是同黨，你支持這件事情，我就要改口說那是對的？如果和他人意見不同，為什麼不能表達自己的意見？這些思想在我心中逐漸萌芽。加上我不怕跟老師聊天，很多觀念就在跟林老師一來一往的討論中，打開了視野。

多年之後，林老師告訴我，他當時就知道我將來不管做什麼，都會做得很出色。

國三那年，我們家從鳳山搬到高雄市區，新家離鳳西國中頗遠，如果騎腳踏車上學，得要花一個小時，搭公車也要半個小時。我問林老師，我是不是該轉學到離新家比較近的學校，節省一點通勤時間？

❖ 鳳西國中的林辰忠老師（左三）居然完整保留我三十年前寫給他的信。他點燃我心中反抗威權的火種，是我的民主啟蒙老師。只要有時間回高雄，我一定會去看望老師，並開個小型同學會。每次見到他，都好像回到十五歲。

「當然不要。」林老師立刻反對。接著所有老師都打電話給我媽媽，力勸我千萬不能轉學。老師們覺得鳳西國中雖然遠了點，但我不會面臨適應新學校的問題，加上即將聯考了，不變應萬變才是最好的。

我的成績也是不能轉學的因素之一，老師們都看好我一定可以考上第一志願，多一位第一志願畢業生，學校就多一分未來招收新生的實力，當然要確保我是在鳳西國中畢業。

後來，老師們集體動員說服了我媽。國文老師還天天開車繞來我家接送我上學，這些都讓我跟老師們特別親近，感情也特別好。林老師更是我的萬事通老師，任何事情都能請教他的意見，他也會分析狀況，給我最好的建議，並且完全尊重我的選擇。

高中聯考前，爸爸調到臺中市警察局，我們要從高雄搬到臺中。爸媽覺得那就報考臺中的高中吧，將來上學方便。但我覺得高中是個全新的環境，去陌生的臺中，或是同樣陌生的臺北，對我來說都一樣，不如就直接考北一女。

我又去問林老師。林老師說，他覺得我的成績要考北一女也完全不成問題。有了他的鼓勵，我就放心應考，果然考上了。

開始就讀北一女之

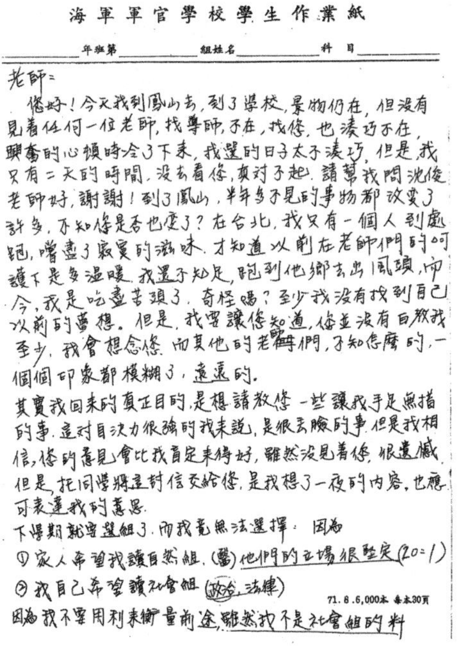

海軍軍官學校學生作業紙

年班第＿＿組姓名＿＿科目＿＿

老師：

您好！今天我到鳳山去，到了學校，景物仍在，但沒有見着任何一位老師，找導師，不在，找您，也湊巧不在，興奮的心頓時冷了下來，我選的日子太不湊巧，但是，我只有二天的時間，沒去看您，真对不起。請幫我問沈俊老師好，謝謝！到了鳳山，半年多不見的事物都改变了許多，不知您是否也变了？在台北，我只有一個人到處跑，嚐盡了寂寞的滋味，才知道以前在老師們的呵護下是多温暖。我還不知足，跑到他鄉去出風頭，而今，我是吃盡苦頭了。奇怪嗎？至少我沒有找到自己以前的夢想。但是，我要讓您知道，您並沒有白教我，至少，我會想念您，而其他的老師們，不知怎麼的，一個個印象都模糊了，遠遠的。

其實我回来的真正目的，是想請教您一些讓我手足無措的事，這对自決力很強的我來說，是很丟臉的事，但是我相信，您的意見會比我自定来得好，雖然沒見着您，很遺憾，但是，托同學將這封信交給您，是我想了一夜的內容，也應可表達我的意思。

下學期就要選組了，而我竟無法選擇：因為

① 家人希望我讀自然組，(醫) 他們的立場很堅定 (20:1)

② 我自己希望讀社會組 (政治，法律)

因為我不要用利來衡量前途，雖然我不是社會組的料

71.8.6,000本 每本30頁

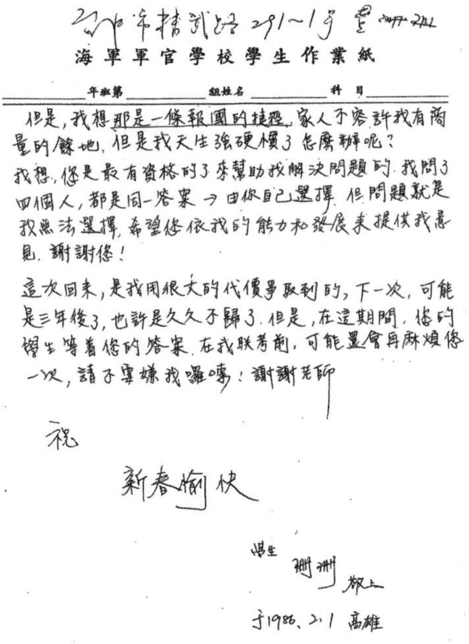

海軍軍官學校學生作業紙

年班第＿＿組姓名＿＿科目＿＿

但是，我想那是一條報國的捷徑，家人不容許我有商量的餘地，但是我天生強硬慣了，怎麼辦呢？

我想，您是最有資格的了來幫助我解決問題的。我問了四個人，都是同一答案 → 由你自己選擇，但問題就是我無法選擇，希望您依我的能力和發展來提供我意見，謝謝您！

這次回來，是我用很大的代價爭取到的，下一次，可能是三年後了，也許是久久不歸了。但是，在這期間，您的學生等着您的答案，在我聯考前，可能還會再麻煩您一次，請不要嫌我囉嗦！謝謝老師

祝

新春愉快

學生 珊洲 敬上

于1986、2、1 高雄

後，我獨自一人住在臺北牯嶺街的婦女會宿舍，家人都不在身邊，遇到難題怎麼辦？所以我開始寫信給林老師，心中有什麼疑惑就寫信問他，請他指點迷津；林老師也會回信。

後來許多的人生重要關卡，我也都會去請問林老師的意見。林老師總會以他犀利的觀點提出中肯的建議。

我從小就習慣多聽各方觀點與想法，然後做出自己的判斷，絕不會因為全家都希望我讀醫學系，我就去讀；更不會因為全世界都反對我的想法，就放棄理念；我知道每個人腳下

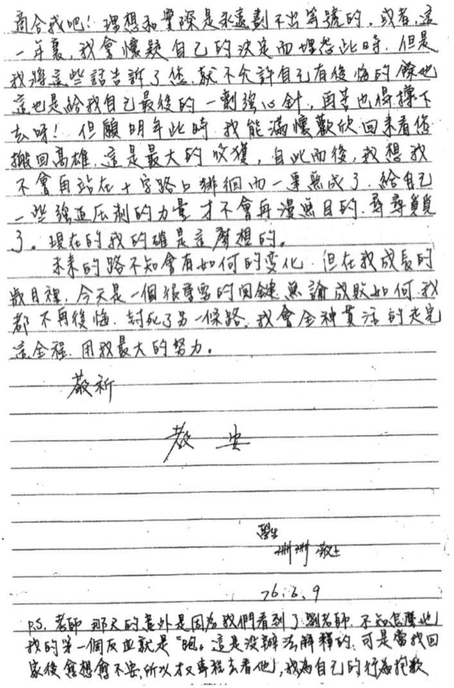

商合我吧！理想和實際是永遠劃不出等號的，或者，這一年裏，我會懷疑自己的決定而埋怨此時，但是我將這些話告訴了您，就不允許自己有後悔的餘地，這也是給我自己最後的一劑強心針，再苦也得撐下去呀！但願明年此時，我能滿懷歡欣回來看您，搬回高雄，這是最大的收獲，自此而後，我想我不會再站在十字路口徘徊而一事無成了，給自己一些強迫压制的力量，才不會再漫無目的，尋尋覓覓了。現在的我的確是這麼想的。

未來的路不知會有如何的變化，但在我成長的歲月裡，今天是一個很重要的關鍵，無論成敗如何，我都不再後悔，封死了另一條路，我會全神貫注的走完這全程，用我最大的努力。

敬祈

教安

學生 珊珊 敬上

76.3.9

P.S. 老師 那天的意外是因為我們看到了劉老師，不知怎麼地我的第一個反應就是「跑」，這是沒辦法解釋的，可是當我回家後愈想愈不安，所以才又再往去看他，我為自己的行為抱歉

3

的路都要自己選擇，自己決定，因為這不是別人可以代替我完成的旅程。

但看了以前寫給林老師的信，也讓我發現自己的記憶力實在驚人……的不好，不好的事情記不住就算了，連好的事情也忘得很快，看來我真沒能力緬懷過去，就開心活在當下吧！

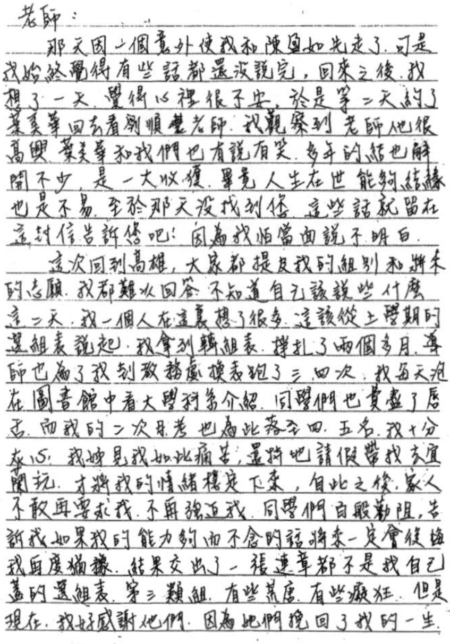
老師：
那天因一個意外使我和陳麗如先走了，可是我始終覺得有些話都還沒說完，回來之後，我想了一天，覺得心裡很不安，於是第二天約了葉美華回去看劉順豐老師。我觀察到老師他很高興，葉美華和我們也有說有笑，多年的結也解開不少，是一大收獲。畢竟人生在世，能夠結緣也是不易。至於那天沒找到您，這些話就留在這封信告訴您吧！因為我怕當面說不明白。
這次回到高雄，大家都提及我的組別和將來的志願，我都難以回答，不知道自己該說些什麼。這二天，我一個人在這裏想了很多，這該從上學期的選組表說起。我拿到轉組表，掙扎了兩個多月，導師也為了我到教務處換表跑了三、四次，我每天泡在圖書館中看大學科系介紹，同學們也費盡了唇舌，而我的二次月考也為此落至四、五名，我十分痛苦。我姊見我如此痛苦，還特地請假帶我去宜蘭玩，才將我的情緒穩定下來，自此之後，家人不敢再要求我，不再強迫我。同學們自願勸阻，告訴我如果我的能力夠而不念的話將來一定會後悔，我再度猶豫。結果交出了一張連章都不是我自己蓋的選組表，第三類組，有些荒唐，有些瘋狂。但是現在，我好感謝他們，因為他們挽回了我的一生。

1

這樣的情緒一直延續到六月中，我收到吳北欣的信，她也為了同一件事煩惱，但她比我堅定，故我期考完再做盤算，原本我還寄望暑假申請轉組，於是我回來想問問大家的意見，打算九日之後再去找您，所以當我從蘇淑蓉處得知而提早去找您的時候，腦子裏一片空白。回來將這些天所得到的話整理出一個頭緒。高一的選組我有很大的自信，念了一年之後，我覺得自己學得不紮實，而害怕了起來，當時想的是怕輸，怕在未來的路上遭遇挫折，懷疑自己的能力不夠。可是當我回來看到許多成績不錯的同學為了留級補考而煩惱時，才知道自己沒有讓您失望太多，因為以前的我比較有自信，而現在有二個人橫在前面，教我如何不懷疑自己的能力，因為高一我只有和一個人不相上下。唯一可以解釋的理由，是我真的沒有好好念書，其實，不紮實的又不只我一個。「天下本無事，庸人自擾之」，如果我當時立志念下去，就不會有這麼多的麻煩了。就連在另外一個選擇上，無法決斷，我真對我的優柔寡斷莫可奈何！
所以現在我決定念理、醫都行，將台大醫科當成最終目標，竭盡所能。定下這個目標，我的問題就解決了一大半，往後這一年的日子裏，這些就是我的一切。或者，政治法律只是遙遠的一個夢吧！它並不

2

04 十五歲的北漂人生

從小我們家就在臺灣搬來遷去，等我出生時，爸爸已經從軍中退伍，調動到臺中縣警察局工作，所以我在臺中后里出生，後來住過臺東、澎湖、鳳山等地。考高中那年，爸爸先是調到臺中，然後決定在臺中退休，準備要拿退休金在臺中買房子定居。雖然要從高雄搬家到臺中，但我要求直接參加臺北的聯考，反正無論臺北或臺中對我來說都是陌生的地方，與其在臺中讀高中，不如直接考臺北，因為我真的很嚮往北一女的綠制服、更想穿上北一女的樂隊制服，所以十五歲考上北一女之後，就開始了「北漂人生」！

考上北一女的興奮感還沒過，生存問題就來了。我們家只靠爸爸一份薪水，雖然哥哥姊姊們都讀軍校免學費，但經濟上還是不算寬裕。我到臺北讀書，公立學校的學雜費雖然不多，但吃住的生活費可是一筆大開銷，該怎麼籌措？好在那時當海軍的二哥表現優異，國家派他到荷蘭接潛艇，外派會有一筆安家費。媽媽就把這筆錢當作我的生活費，終於解決了經濟問題。

大姊當時已經嫁到石牌。她與大姊夫陪我在學校附近找宿舍，幸運的，我們找到一個月六、七百元租金的婦女會女學生宿舍。房間小小的，八人一間，有窄窄的雙層床與窄窄的書桌。大姊夫幫我買好棉被等生活用品，接下來我就必須自己照顧自己了。

從小媽媽跟前顧後的拉拔我長大，上小學時，她還會專程送便當到學校給我，我從沒學過自己怎麼過日子。上了臺北，自己照顧自己，當然無法像媽媽那樣細心安排營養均衡的三餐。我通常早餐吃白吐司、中餐吃白吐司、晚餐也吃白吐司，因為白吐司最便宜，省下的午餐錢另有要務。那時週六還要上半天課，中午放學後我就去西門町看電影，吃吐司省下來的餐費就是電影票錢。

後來一位同學回家告訴她媽媽，我們班有個同學是高雄來的外地生，自己一個人在臺北住宿舍，三餐都吃白吐司，好可憐喔！

隔天，她媽媽準備了兩個便當讓她帶來學校，一個她的，一個我的。同學媽媽說，以後她天天都會準備兩個便當，而且叮嚀我吃完之後不必洗便當盒，讓同學帶回家洗就好。我還真的照辦，現在想想真是汗顏！另一個同學媽媽負責水果，每天她女兒一份水果，我也一定有一份，而且洗好切好。

我是高雄小孩，長期生活在充滿陽光的溫暖亞熱帶，以為每天都應該有大太陽，我對北部的氣溫變化感受遲鈍，身體反應卻特別明顯，動不動就感冒。老師看我怎麼經常生病，又發現我在寒流期間還是穿得單薄，根本不知道怎麼保暖，就幫我買了套頭的高領毛衣與衛生衣。高領溫暖，但是老師愛護我的心意，更溫暖。

在這麼有愛的班級中讀書，我每天上課都很開心。可是，準備聯考真的很累。

❖ 我想讀北一女就是夢想能穿上這身樂隊服裝。

❖ 大家不妨仔細找一找，看看有沒有什麼驚喜？

我們班是第三類組，要考物理、化學、生物和數學，全都不容易。我喜歡科學，但又想念政治、法律，所以有些兩難，而且將來當外交官代表臺灣出使外國也不錯啊，不一定要當學者，於是認真考慮在升高三的時候轉社會組。

班上很多人早我一步認清現實，已經搶先申請轉組。如果我再轉走，班上人數太少就會被拆班，併入其

❖ 我十五歲時獨自北漂，在北一女立志將來要當科學家、當學者。

他的班級，所以同學們紛紛拜託我千萬不要轉組。千萬不行！一定要一起當中流砥柱，保全我們班。最後，我決定留下來繼續念第三類組。

畢業三十年後，在「三十重聚」的同學會上，同學們見面瞎聊一陣之後，每個人都說我最有義氣，我還傻傻的問為什麼？大家提起這段往事，才赫然想起我的高中選組根本不是基於興趣或是能力，是因為「義氣」而留在第三類組，只是對身邊這些好朋友們的一些「心意」。

我立刻抱怨，「都是妳們！快把青春還給我！」早知道就在高三轉社會組，大學直接考臺大法律系就好，結果白白浪費兩年時間，而且高三與大一、大二的功課多難啊，每天都累得要命，除了青春，還要把我的腦細胞還來！

05

改變人生的一堂課

有時候，人生的路途真不是自己能夠規劃。好比我讀北一女的時候，著迷於科學可以反覆驗證的魅力，立志要當科學家。雖然選擇念包括醫科的第三類組，但我從小打針打到怕，根本不敢見血，所以不念醫，也不想念農，不太喜歡工學院，最後只能選擇第二類組的理學院。

收到大學聯考成績單，我考得還不錯，又開始設想將來如果要當學者，做研究，臺灣大學應該是首選，所以不考慮其他學校；直接在志願卡填上臺大理學院的數學、物理、化學、大氣、地理、地質等六個系。

我從小就很有主見，雖然家人嘴上都說尊重我的意願，但每個人明示暗喻地建議我：應該讀醫學院當醫生，甚至全家開始幻想七年後就會出現「黃珊珊醫生」，但我根本不為所動。

爸爸熬了半天，終於開口說想要跟我談一談選填志願的方向，看起來應該是要用父親的權威明示一條路讓我走。結果我一句話就潑了大家冷水，我說，「志願卡已經寄出去了！」

大家錯愕不已，這是人生大事，小妹怎麼這麼任性。

我說，自己決定，自己負責。

放榜後，我考上臺灣大學大氣科學系，雖然我的成績超出大氣系的錄取門檻很多，但就這樣我很開心的在自己選擇的科系，開始了在臺大的大學生活。

一開始，我覺得大氣科學系還滿好玩的，老師用大量的原文書當教材，用英語教學，在在都讓我覺得很酷。套句現在的流行語，我們真的是跟國際接軌。

但那個年代的科技發展還很早期，電腦剛從MS-DOS作業系統進入Windows不久，Windows 3.0的版本速度慢，也無法配合大氣科學需要的大量公式計算，我們只能用紙筆來做公式計算，可是算出來的結果卻與實際大氣狀況差異很大，準確率也很低。科學不是應該要可以反覆驗證嗎？怎麼差這麼多，我感到很沒有成就感。我問教授，為什麼理論跟實際相去甚遠？

教授說，因為實驗室裡的數據是把所有變項都控制之後，所計算出來的結果，只有萬分之一的準確率。我又問教授，那其他萬分之9999呢？教授說，那些就是大氣中的變數，沒辦法更精準，因為影響大氣變化的因素太多了！

「萬分之一」的準確率確實給了我很大的打擊，難道我真要花四年鑽研這萬分之一嗎？這豈不是代表我的科學家之路也會變得萬分困難？我開始疑惑自己的未來。

臺大的學風很自由，教室沒有分理學院、文學院、法學院，大家一起使用校內設備，每個人都要跑堂上課。

有一天，物理課下課，我經過共同教室的大禮堂，看到一堆人擠在門外，裡面盛況空前。教授的講臺上放了一、兩百臺錄音機。教室裡幾百個位子已經坐滿了人，人潮還滿到爆出來。

天啊！這是什麼情況？裡面到底在上什麼課，教什麼？我決定擠進去，站著旁聽。

那門課是法律系民法總則的課。王澤鑑老師幽默風

❖ 真沒想到只是旁聽一堂法律系的課，就讓我原本的科學家人生大轉彎。四年的法律系濃縮在三年之內完成，終於畢業了！特別開心！

趣的解釋法律行為與法律效力。我一聽就著迷，站著旁聽了整整兩個鐘頭的課也不覺得累。

王教授講民法、講權利與義務。天啊！太有趣了，原來權利與義務對人生這麼重要，這些是我從來沒有接觸過的。一個新世界在我眼前打開了，教授口中的法律不是六法全書，也不是死板板的條文，根本就是跟我們生活綁在一起的活生生日常，充滿人際關係的矛盾。

❖ 我大一時買的《丹諾自傳》，讀完深受感動，決定大二要轉法律系，希望效法丹諾當正義的代言人。不公不義，需要改變。

這堂課徹底改變我已經規劃好的人生

路。走出教室時，我情緒有點激動，因為我決定要換跑道學法律。臺大法律系是許多學子的夢想，我不知道自己到底能不能轉系成功，畢竟，大氣系與法律系一點關係也沒有。

當時臺大規定，班上前三名可以得到書卷獎，也比較容易轉系。如果我不想浪費時間再讀一次大一，就要努力拿下書卷獎，因此加倍投入準備大氣科學系的課業。

我還有一大優勢，法律系接受理工組轉系生的機率較高。因為理工組的邏輯很好，在法律的世界裡，邏輯很重要。當然我的學者夢也還在，如果能轉去法律系，未來還是可以當法律學者。

後來，我順利拿下書卷獎，也如願轉系成功。大二開始成為法律系的學生。誰能想到，只是偶而路過一個教室，卻扭轉了我的人生？只能說這個世界真的非常奇妙。

而和我一起準備轉系的同班同學也都得償心願，都轉去各自的理想學系。其中一位同學更曲折，他先轉去化學系，後來出國學電影，再轉攻歷史博士，最後成為哈佛大學的歷史教授。所以人生的路很長，要好好選擇人生目標，穩健走出自己的路。

命運安排我的人生轉折如此戲劇化。高中時沒有從自然組轉到社會組，才會在後來從大氣系轉到法律系。這段經歷，一方面讓我對於小孩的未來比較不緊張，當其他爸媽很緊張的規劃小孩學這學那，安排未來出路時，我都會笑著告訴他們，我到大二轉系才走向自己未來的道路，所以急也沒用，老天自有安排，不用太早緊張，兒孫自有兒孫福。

現在回頭看，從理學院轉到法律系，看似劇烈轉變，其實也只是我人生中一連串意外的開端。

但人生的路不會白走，繞了這麼一個大圈，意外讓我體會到一件事，就是我不怕任何挑戰，如果不放膽嘗試，永遠不知道人生還會有什麼可能會發生。

「勇敢嘗試、挑戰不可能」就是我對自己的期許。

06

我想成爲體制內改革的人

進入法律系之後，每天上學就像作夢一樣，因為學校有非常多大師級的老師，幾乎每一位都是國內法學權威，都很有個人特色與個人魅力，他們的見解與素養令我折服。在那個環境裡仰望著老師們的淵博學問，聽他們用各種方式，生動的闡述法律與人民的關聯，受益無窮，是我這輩子最難忘的事。我的夢想就是，成為一位法學教授。

外人常常覺得法律條文是天書，左看右看都看不懂。當我進入法律系就讀後，我覺得《六法全書》其實跟小學時學的「九九乘法表」差不多，重點是搞懂其中的邏輯。所以我不背條文，每天上完課就先整理一下當天的課程內容，理解才能內化成自己的知識體系，一天一天的累積。

在此同時，臺灣的社會氣氛正在劇烈轉變。

首先是威權體制退場。一九八八年，蔣經國總統過世。對我來說，蔣總統是很親切的總統。我讀北一女的時候，每次橫越總統府前的大馬路，如果看到蔣總統的車隊靠近，我們就會揮手跟他問好，他也會降下黑色的車窗，親切的跟我們揮手。他在我心中就是個親切而且常常見到的長輩，我知道他確實在建設臺灣，為國家做了很多重要的事情。

但另一方面，我也知道，臺灣社會中仍然有許多不合理的事情，好比萬年國代的安排，怎麼可能有民意代表從不需要選舉，一當就是五十年。

一九九〇年三月，野百合學運登場。臺大的校風自由，許多教授把教室開在中正紀念堂廣場上，帶著學生去抗議現場。法律系也宣布罷課。不少同學主動到中正紀念堂靜坐，我也去了，但待的時間不長，因為要趕回學校上課。

大二這年，我的課表排得滿滿。很多大二必修課程是大一的延續，必須修完大一的課程才能修大二。我是平轉的轉系生，大一和大二課程必須同時上，負擔是其他同學的兩倍。有些課我真的不敢翹，沒想到也因此改變了我的人生。

從中正紀念堂趕回學校，我永遠記得那堂課是「債編總論」，教授是黃茂榮老師，他在我心目中是天神一般的人物。平常的大禮堂教室總會湧進一兩百個學生，擠得很；那天，教室裡只有幾個學生。我也是其中之一。大家零零落落、三三兩兩的坐在教室裡，等黃茂榮老師上課。

黃教授來了。看著空蕩蕩教室裡的小貓兩三隻，他揮揮手說，「來！坐到我身邊。」我們立刻往前，坐在他身邊。我們過去總是在兩三百人的簇擁中遙望教授，很少有機會這麼靠近教授。

等我們坐定之後，黃教授說：「你們怎麼沒去罷課？」他指指外面說：「你們也可以罷課，去中正紀念堂，在體制外抗爭。」

黃教授忽然有點哽咽，接著說，「不過，老師更希望你們能去那兒！」黃教授指著另一個方向，「去成為體制內的人，去成為從內部改變不公不義的人。」

黃教授落淚了。我也是。我很感動，黃教授的這番話牢牢鐫刻在我的心中。只會哇哇叫沒有用，要思考怎麼才能坐在當權者的位子上，解決民眾的問題。

從那天起，我下定決心不要當在外面大聲抗議的人。不是我不贊成爭取民

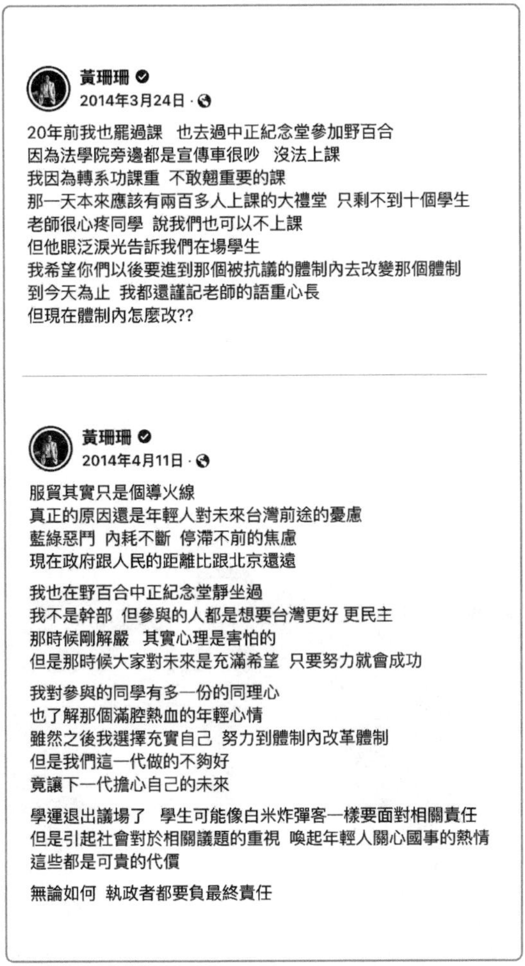

黃珊珊
2014年3月24日

20年前我也罷過課　也去過中正紀念堂參加野百合
因為法學院旁邊都是宣傳車很吵　沒法上課
我因為轉系功課重　不敢翹重要的課
那一天本來應該有兩百多人上課的大禮堂　只剩不到十個學生
老師很心疼同學　說我們也可以不上課
但他眼泛淚光告訴我們在場學生
我希望你們以後要進到那個被抗議的體制內去改變那個體制
到今天為止　我都還謹記老師的語重心長
但現在體制內怎麼改??

黃珊珊
2014年4月11日

服貿其實只是個導火線
真正的原因還是年輕人對未來台灣前途的憂慮
藍綠惡鬥　內耗不斷　停滯不前的焦慮
現在政府跟人民的距離比跟北京還遠

我也在野百合中正紀念堂靜坐過
我不是幹部　但參與的人都是想要台灣更好 更民主
那時候剛解嚴　其實心理是害怕的
但是那時候大家對未來是充滿希望　只要努力就會成功

我對參與的同學有多一份的同理心
也了解那個滿腔熱血的年輕心情
雖然之後我選擇充實自己 努力到體制內改革體制
但是我們這一代做的不夠好
竟讓下一代擔心自己的未來

學運退出議場了　學生可能像白米炸彈客一樣要面對相關責任
但是引起社會對於相關議題的重視　喚起年輕人關心國事的熱情
這些都是可貴的代價

無論如何　執政者都要負最終責任

❖ 從野百合到太陽花，兩場重要的學生示威活動。我在野百合下靜坐過，後來選擇進入體制內改革，不知道當年參加太陽花的年輕學子們，對未來是否還懷抱希望？

主，而是發現大聲哇哇叫其實只是宣洩情緒。你叫得再大聲，決定權還是在當權者手上；換言之，想要改革，勢必要成為當權者。想要解決更多人民的問題，也必須坐在當權者的位子上。

要成為那個在「體制內改革不公不義的人」。我告訴自己，必須更專業，必須更努力，才有機會進入體制，改變體制，進而改變世界。

在那段風起雲湧的日子裡，我更加堅定的相信，對的理念，就要堅持。

我覺得「科學」與「正義」很像，對的事情、真實的事情，不會因為你是

❖ 我的法律系同班同學，吳志揚（右二）、吳宜臻（中）和我先後步入政壇，分屬不同政黨，但是追求理想，不分黨派。

誰而改變。好比兩個氫一個氧化合成水，不會因為這個實驗是我爸媽做的，就會改變結果，那為什麼「正義」理念的實踐，在遇到自己的親朋好友時就會轉彎？這是追求正義在人間實踐時，首先會遭受到的考驗。

如何圓滿解決，如《金剛經》所示：「沒有現成的方法，需要智慧與歷練才能逐步到達公平的彼岸，當下，萬萬不可有若君臨天下，固執己見，想要替天行道，讓眾生與時間幫自己找到最適合的答案。」

亦如《聖經》的昭示：「需要博愛，才能平等體現正義的境界。」其實也就是心中要有愛，透過關心體會人生的苦難，慈悲的為同胞解決生活的困難，幫助大家祥和相處，一起得到平安喜樂。

心中有愛，努力追求公平正義，不因政黨派系而有不同，這就是我想要進入體制內改革的初衷。

07 親情無價，理念更需要堅持

在我的五個哥哥姊姊當中，我跟二哥的感情比較不一樣。

我們家都是軍人，在不同的領域工作，有各自的任務與保密要求，所以我比較少機會對外說他是我哥哥、她是我姊姊。即使選舉期間，他們也從未出面幫我搖旗吶喊，原因很簡單，因為軍人的立場要中立，我怎麼可能要求他們違反自己的職務守則來幫妹妹助選？

我們家每個成員頭上都有自己的一片天；在自己的位置上努力工作，認真負責，積極進取，就是對家人最好的「支持」。但是家裡哥哥姊姊都比我大十幾歲，每個人都可以管我，小時候常覺得自己好像被四、五個爸爸管，於是我加倍叛逆，從讀不讀幼稚園、買哪雙鞋、高中考什麼組到大學讀什麼系，都擺明不甩家人的建議，所以他們很清楚我不想被人管，更不愛被人管。

不過我的二哥……怎麼說呢？儘管知道我叛逆，還特別愛管我。可能因為他年長我十二歲（我們都屬雞），所以對於幼小妹妹的一切都很「關切」。

記得有一次，他騎摩托車載我去車站搭車回臺北，路程中，他告訴我，在學校要認真讀書，要尊敬老師，對同學也要有禮貌，學校生活就是未來社會生活的起點，要學習跟人交往，這些朋友會是妳一輩子的朋友云云……當他開始勉強我接受他的一些價值觀……我就無法忍受了，隔著衣服就往他身上狠狠一咬！

「怎麼咬人呢！」哥哥痛到嚇了一大跳！

「你太囉唆了啦！」

二哥沒想到我居然張嘴就咬，有話不能好好講嗎？這個小妹都幾歲了還咬人。

但我的反應是，反正我怎麼講他都不會住嘴；而且不論我多有理，他都是比我大十二歲的哥哥，我說破嘴，他也不會聽我的意見，不如一咬，他就不囉唆了，不就解決了嗎？

我跟他經常吵嘴，也經常翻臉。而且很奇怪，我跟其他哥哥姊姊相處都還好，就只有跟他經常吵架，經常冷戰。後來我在臺北讀大學和工作，很少回家，只有過年與母親節才會見到家人。而二哥在軍中，過年也不見得能回家，見面機會有限；但每次見面，我們倆就像兩隻鬥雞，大事小事都可以吵嘴，戰火絲毫不因我們都長大了而消停。

一九九一年，臺大教授發起「100行動聯盟」。這個運動是因為廢止刑法一百條而來的，沒想到也導致我們兄妹冷戰了十年。

刑法一百條的內亂罪，原本條文「意圖破壞國體、竊據國土，或以非法之方法變更國憲、顛覆政府，而著手實行者，處七年以上有期徒刑；首謀者處無期徒刑。」這是針對陰謀犯而來的。簡單來說，法律有「罪刑法定原則」，如果國家想處罰某個行為（例如殺人），前提是刑法訂有處罰該行為的規定（例如刑法第271條殺人罪），人民可以明確瞭解哪些行為是法律所禁止，那就不要去做，可以避免國家任意構陷人民入罪的作用。

當時幾位臺大法律系的教授們基於「思想無罪」進行抗爭。這在我們法律人的觀點，一點都沒錯，因為思想應該是自由的，任何人都不該因為思想受罰，只要沒

❖ 媽媽、我和我家的參謀總長——被我咬過的二哥。

有做相對的犯法行為，當然不能罰。

即使不是民主的清朝也只有「文字獄」，因為書生寫了冒犯朝廷的文字，寫文章就是「行為」，才遭到處罰。我們已經不是封建時代了，怎麼還想用刑法一百條來箝制人民思想，管理人民的念頭。

這些教授領頭抗爭，也串連全國的學術圈對政府表達意見。我們家不是軍人就是警察，相對比較保守。他們看到新聞就急著要我乖乖待在家裡，不要出去抗爭。尤其二哥叫我千萬不要參加抗爭，更不能跟這些事情有關。

我說，「難道因為你不喜歡這次的街頭抗議，我就要聽你的嗎？」

即使二哥的想法是對的，但他要我聽他的，我就要聽他的嗎？更何況他的想法不對，還想要勉強我。偏偏我最不喜歡被人勉強，更討厭有人想對我下指導棋。

這一吵，就吵得不可開交；二哥覺得我是怪物，我們家都是軍人，都效忠國家，怎麼會出現我這個整天喊要挑戰威權的異類！我覺得哥哥才應該要好好讀一讀法律，你高興這樣想，那你自己這樣想就好，不要勉強我也接受你的想法，自己負責自己就好，原則非常簡單。

此後，我們井水不犯河水。本來家人聚會的次數就不多，後來即使見到面也都悶聲不吭，不是故意不說話，而是覺得你說的會讓我不開心，我說的保證讓你不滿意，那不如就不要說。一晃十年過去，我們忽然又和解了。沒什麼特殊的原因，只是覺得說說話也沒什麼大不了的，反正二哥知道我的脾氣，我也清楚他的脾氣。

可我卻沒想到，後來二哥卻因為我當民代，意外被外界視為靠我的「裙帶關係」攀上高位。

第一次聽到這種「江湖傳說」時，我當成笑話，不以為意。因為他升少將時，是陳水扁當總統。升中將時，是馬英九當總統。升上將時，是蔡英文當總統。外傳他靠妹妹的關係，才能仕途一路順暢。

也有另一種說法，二哥沒從參謀總長當上國防部長，就因為他的妹妹是黃珊珊。

我聽了覺得真荒謬。這兩種說法相互矛盾，而且荒謬程度不相上下；首先，三位總統怎麼可能這麼湊巧都覺得黃珊珊很重要，想透過人事安排來拉攏或打壓黃珊珊。

其次，我跟哥哥吵架、打架是家族內部的最高機密，我總不能告訴外界，二哥眼中的我這麼「機車」，他根本不會想要我幫忙的。

好在大家只要認真想一想，就知道這些傳聞中的喜感高過真實，這無稽之談根本傳不下去。

❖ 這是我們全家福合照，裡面有五位退伍軍人，四位現役軍官。

我們家每個人從小就習慣獨立作戰，自己負責自己的事情，哥哥就是哥哥，姊姊就是姊姊，妹妹就是妹妹，不管你是什麼單位、什麼位子，家人真不會在乎這些。

即使有人拜託二哥找我處理臺北市的陳情案，他絕對理都不理，他會請對方依程序辦理。就像我擔任議員期間，選民想要透過我請託海軍的案子，我告訴選民，臺北市議員真的完全管不到海軍，但可以幫他們函轉熟悉的立委辦公室處理，因為立委可以監督國防部。

我和二哥平常也不會打電話聯繫，因為他跟我都是政治敏感人物，講電話還要假設有人「旁聽」，多麻煩，乾脆連電話問候都省了。

但我們彼此都知道，我們就是兄妹。他是我二哥，也是這世界上唯一被我咬過的參謀總長。

08 二十三歲的小毛頭律師

讀法律系時，我非常喜歡法理學，決定畢業後要去德國攻讀博士，這樣將來可以當法學教授，還可以完成我的學者夢。

確立這個目標之後，我開始安排畢業前的讀書計畫，順利在三年內修完四年的法律系課程；同時開始學德語，也申請好學校，買好機票。萬事俱備只欠東風，現在就只需要留學的那一桶金。那時爸爸剛退休，家裡經濟收入銳減，哥哥姊姊都是軍人，工作穩定但收入不豐。所以我非常掙扎，要不要去留學？沒錢怎麼去？

這段時間，同學們都在準備律師考試，很多同學從早到晚都在圖書館，一步也不敢離開。我也跟大家一起窩在圖書館唸書，不過他們是從早念到晚，我則是念一陣子就跑去翻報紙，看現在社會的熱門議題。每週一、三、五去打工當家教，二、四、六去學德文，很開心的準備留學。

心態上我很輕鬆，因為家裡都是軍人跟公務員，我從小看著爸爸和哥哥姊姊工作這麼辛苦，早就立志絕對不當公務員，所以只報名律師高考，根本不想考司法官特考，免得萬一考上了，爸爸逼我去當法官，那不就慘了。

但律師考試並非輕鬆的事，我參加的那一次律師高考是在十二月二十五日舉行，考試一連三天，每天八小時；在應試這八小時內，所有考生就是不停寫字，洋洋灑灑，可以把一隻全新原子筆寫到墨水用盡。但我印象中最痛苦的是那天天氣好冷，寫著寫著，手凍僵了，得哈一哈熱氣，動一動手再繼續寫，不然真感覺手不是自己的。

律師高考放榜，很意外的，我排名全國第十一名。不只我意外，我的同學和學弟妹們更意外。我學弟送我的祝賀方式卻是當我的面把眼鏡摔在地上，一腳踩破。他說，學姊，妳真是讓我們都「跌破眼鏡」。

這次放榜，我的成績是班上最好的，同學們都覺得不可思議，因為我真的不是專業唸書戶，大二到大四趕修學分，還喜歡參加羅浮童軍團到處玩；更誇張的是，我只念了三年法律系，他們可是滿滿的念足四年。況且還有許多學長姐考了好幾年都還沒考上，所以我的成績真把大家都驚呆了。

那時我已經在一家律師事務所擔任法務。高考通過之後，改當實習律師，以取得律師資格。實習期滿就進入一家小型的事務所當起受雇律師，開始了我的律師之路。

換句話說，從大學畢業起，我沒有一天離開職場。

當律師薪水不錯。我算了算，也許工作五年或六年就可存夠學費，出國念書了。我的律師考試成績很好，其實是大型知名律師事務所優先網羅的對象，但我決定選擇一家小型律師事務所。大事務所層層分工，可能工作十年還是侷限在某一個部門，而小事務所人少，每個人都可以接觸各種業務，能快速成長，成為獨當一面的全方位律師。

事務所的老闆是一位從檢察官退下來的律師，專長是刑事案件。所以打從當律師起，我就開始跑調查局、警察局、看守所，還天天開著車子飛奔在臺北、士林與板橋地院三間法院之間，也在短短時間之內練就在臺北開車鑽巷弄的本事。

當時我才剛畢業，二十三歲的臉龐當然還是滿滿的膠原蛋白，嬰兒肥還沒消，看起來就是個小孩臉，太嫩。但「嫩」對律師可不是件好事，所以我買了幾套深色套裝來「武裝」自己，總之，造型比照電視影集裡的律師，而且怎麼老氣怎麼穿，希望能夠從外表「矇」過客戶。

不過當事人還是一眼看穿我是個小毛頭，他們問我老闆：「她可以嗎？會不會打官司啊？狀子會不會寫啊？」

因為我年輕，即使考上律師，他們還是看輕我，覺得我絕對不行；而且當事人質疑，對手律師當然也會輕視我，甚至法官也一眼就看穿我有幾兩重。

我的第一個案子是個背信案。老闆問：「妳可以嗎？」

我想了想，說：「我還不太會，你可不可以先帶我三個月？」

老闆案子很多。這段期間，他每一庭都帶著我去。這三個月當中，我每天做案件分析報告。三個月後，我就跟老闆說，「我可以了。我自己來。」

記得第一次勝訴時，我像得到奧運金牌一樣興奮。我們事務所很挑案子，明顯不會贏的案子，我們不接；所以一年下來，我的勝訴率高達八、九成，這是非常輝煌的紀錄。

有人問我，第一次單獨站上法庭會不會害怕？我覺得我的人生還真沒有「害怕」這兩個字，因為怕就不工作嗎？不會。怕有用嗎？沒用。所以我知道，在法庭上唯一有用的，就是要比他們更強大。看清這一點之後，氣勢上就不會輸。

❖ 當律師那年才二十三歲，當事人看到我都會問，「她可以嗎？會不會打官司啊？」

之前曾經擔心我太年輕的那些當事人，親眼看到我上法庭打官司的氣勢，勝訴率又高，一年之後他們不再問「她可以嗎？」而是說：「我只要黃律師。」

律師這份工作讓我習慣強悍，也可以說是「凶悍」，態度沉著，說話肯定，讓客戶信任。後來越來越多人委任我，所以三年以後，老闆乾脆讓我成為合夥人，擔任律師事務所的副所長，那時候我才二十六歲。

法律訴訟不像到醫院開刀，從住院、開刀、康復到出院，整個流程兩三天就搞定；法律訴訟一審加二審加三審的期限是四年四個月，萬一再上訴，更一審、更二審、更三審下去，十多年跑不掉，所以一般律師手上會同時處理非常多的案子。

好比我同一時間承辦過上百個案件，一天最高紀錄開六個庭，一個星期最高紀錄開二十幾個庭，每一個當事人的案情細節都不能記錯。

而且律師肩負重責大任，在法庭上代表當事人說出口的每一句話，都要深思熟慮，不容許出錯，也不能記錯任何細節，萬一稍有失誤，代價就是當事人的財產、自由甚至生命。多麼重的責任，所以每次出庭，就像醫生進手術房一樣，絕對要全力以赴。

這練就了我的記憶力，看到對方的臉，我也許不記得他的姓名，但知道他的案子內容與關鍵細節。二十多年前辦的案子，到現在我都能說出細節，而且所有資料都細心保管。有些當事人在結案好幾年之後來找我，原來他們遺失了重要資料，想問我有沒有存檔；我都能在檔案庫翻箱倒櫃找出來。

這麼多年實戰下來，我覺得打官司並不難，關鍵在於「找重點」。案子再大，只要把繁瑣一一釐清，切除不重要的枝節，爭議核心就會浮現；接下來只要掌握關鍵，針對關鍵提出法律見解攻防，就是強有力的辯護。

律師的工作壓力真的很大，因為這牽涉到當事人的人生，一句話都不能說錯。整天緊繃著神經，我在工作結束之後，大腦還是不停運轉，很難放鬆。

那時候年輕，覺得熬夜沒什麼關係，經常在下班之後自己開車從陽明山到金山、走陽金公路到海邊繞北海岸一圈，再開回家。開車對我是一種享受。這二小時的車程對我太重要了！就像電腦磁碟重組，把腦中的事情全部重想一次，把今天處理的每個案件重新審視、存檔，把所有心思、腦力都燒完之後，才可以真正的放鬆下來。回家還不能休息，因為我每天一定要打遊戲。那時候打的就是《三國無雙》，一個晚上可以殺敵十萬。一陣砍殺之後，感覺自己終於把大腦清理乾淨，才去入睡休息。

當律師讓我見識到各行各業的恩怨情仇，大大擴展了我的視野，也帶來很多人生體悟。好比有些當事人家裡很有錢，但兄弟姊妹為了爭奪遺產，分別找律師代表自己打官司，一家人吵得不可開交，親人反目成仇，互相告來告去，還要透過律師來溝通，這些官司甚至影響到下一代，真不值得。

這是有錢人才懂的痛苦，我常常想，像我們家根本沒有祖產，也不可能有爭產的問題，兄弟姊妹之間雖然也會吵架，但誰敢欺負我們家的人，一定全家出動討回公道。兩相比較之下，我們雖然不富有，感覺還挺幸福的。

當律師累不累？我不覺得累，因為體力無限，但經常覺得「心累」，身為律師卻發現很多法律並不合理，法律應該要保護民眾權益，但有些法律卻反過來傷害了民眾。

法律怎麼可以對民眾造成傷害呢？我開始想要當修改法律的人，這個想法無形中開啟了人生另一個篇章。

09 法律服務兼帶學習閩南語

當上律師，每天忙得團團轉。但上班第一年，事務所的老闆就問我，要不要去做諮詢服務？他的一個朋友在基隆當市議員，想要找年輕律師提供免費的法律諮詢服務。他覺得我很適合，雖然沒有收入，卻可以累積社會經驗。

在臺大讀書時，法律系裡就有法律服務社，由法律系教授帶著法律系學生「義務法律諮詢」，許多民眾會來校園裡諮詢。對法律系的學生來說，這是接觸法律實務的起點，所以我對法律服務並不陌生。

免費的法律服務很重要，因為律師一直是很貴的服務，許多民眾請不起律師，結果因為不懂法律而受到很大的傷害。身為律師，對這樣的現象格外感到無力，因為「惡法亦法」，我們能做的就是提供免費的法律諮詢服務，所以老闆一開口問我要不要去做諮詢服務，我就答應了。

那時我每週二跑基隆，在議員的服務處駐點提供諮詢。民眾帶著各種疑難雜症來找我，一個一個預約、排隊，像醫生看門診一樣。沒想到我的免費法律服務，一做就做了二十七年。後來從基隆服務到臺北內湖，二十七年來，諮詢服務累積了十萬人次。

第一次到基隆，我就發現問題大了！不是法律問題，而是「溝通問題」，來諮詢的朋友們多半講閩南語，但我從小身邊沒什麼人講閩南語，所以我閩南語講得很糟，那時只能一句一句硬學。各位，用閩南語講解法律用語真的很難，但一回生二回熟，溝通越來越無礙，等於是基隆的朋友們教會我講閩南語。

我就這樣每週跑一次基隆，一共跑了六年，也在過程中第一次看到市議員如何工作。

當律師讓我瞭解並參與到各行各業的業務與細節，見識各種場面與解決各種糾紛。但法律服務又是另一個狀況，來法律諮詢的民眾絕大多數是弱勢，他們通常糾結在法律的苦海中很久，找不到上岸的機會，我能做的就是用法律專業幫他們想辦法。

說來也很有趣，儘管律師是高薪的工作，但真正讓我感到快樂的卻是，每周二晚上這趟無償的法律服務。

我非常喜歡幫助人的感覺，而且法律服務是我真正能夠為社會服務的起點，可以透過我的專業幫助他人。從小儘管不想跟爸爸、哥哥姊姊一樣當公務員，卻很希望能夠報效國家，福國利民，後來在法律服務的過程中，我終於體會到「利他」的快樂。我找到了終身志業，就是要用法律來幫助人，用法律來改變這個世界。

法律處理的經常不只是法律問題，我還常常要當心理醫生的角色，有些陳情案看起來龐雜，但只要找到主軸，處理起來很容易，其他時間就是聽民眾說話、訴苦，他們要的不只是表面上解決法律問題，他們還渴望有人關心、有人

❖ 法律服務是我最喜歡的工作。我從小想要報效國家、福國利民，能用自己的法律專業幫助人，讓我體會到「利他」的快樂。

❖ 坐在街邊幫助民眾處理法律問題，還可以兼顧和選民打招呼、話家常，真正的一兼二顧。

聆聽、有人站在他身邊。

有時候法律未必能解決人心的糾結，我常勸來法律諮詢的民眾，退一步海闊天空，親情應該比金錢更珍貴吧！正因為看過太多人與人之間的紛爭與糾纏，大部分都是一念之間的事，所以我告訴自己，要盡量保持自在與豁達，客觀與理性，人生才會更快樂。

當律師固然有當福爾摩斯辨案的樂趣，但我最大的興趣還是幫助旁人解決難題，而且成就感來自持續不斷的幫助他人，改變他們的人生。每天不斷爭取一點點公平，一點點正義，日積月累下來，這成為我的一種習慣。我相信每天改變一點點，我們確實可以改變這個世界。

10 讓我立志從政的一位小女孩

當年選擇當律師，是因為我想存一筆錢去德國留學。那陣子寫給林老師的信上，我也寫著「再過幾年，應該就存夠學費可以出國了！」

儘管我在律師這個行業做得不錯，二十三歲當律師，二十六歲升任事務所的合夥人，但在二十八歲時，我覺得夠了！夠了！接下來我想做不一樣的事。真正推動我踏出這一步的，是一個小女孩。

這個小女孩還未成年。她跟著姊姊去逛賣場，姊姊拿了很多東西放到購物車內，可是身上的錢不夠付這些商品。商店的保全看到了，覺得他們「意圖」

行竊，就把他們抓起來，還報了警。

這天是媽媽來找我幫忙，因為姊姊已經成年，所以可以交保。但妹妹被少年法庭法官裁定收容，妹妹說她真的不知道發生什麼事，她只是跟著姊姊在商店裡面逛，什麼也沒做，而且他們根本還沒通過收銀台，莫名其妙就被送進警察局。她從頭到尾沒做任何事，不懂為何法官要把她關起來。

我接下這個案子。因為本案第一個爭議就是：他們沒有離開商店，也還沒結帳，怎麼能說行竊，根本站不住腳。我同意當她的委任律師，幫她打這場官司。

開庭時，法官違反很多程序規定，不讓我進入法庭，還恐嚇逼迫我的未成年當事人的母親當庭解除律師委任，讓我不能幫她辯護。她只是個未成年的小女孩，媽媽不懂法律，在法庭上怎麼可能跟法官對抗？這擺明了欺負人！

這個法官的舉動真的踩到我的底線。法律見解不同，律師跟檢察官可以辯論，法官應該是中立的角色，但這名法官卻用不正當的手段損及我當事人的最佳利益，若這不是不公不義，什麼才是不公不義？我氣得立刻具名向司法院和監察院以及律師公會，提出檢舉。

❖ 在法律服務的過程中，我發現不適任的法官竟然會傷害民眾的最佳利益，憤而具名提出檢舉，轟動法律圈，也讓我投身選戰，想當修改法律的人。

法律的圈子很小，法官與律師之間有著微妙的關係，因為大家都是學長學弟或學姊學妹，多半都認識；這個案子敗訴，但下個案子可能勝訴；山不轉路轉，彼此日後難免遇得到，所以會留點情面。一般都是敗訴的民眾才會投訴法官，而且幾乎沒有律師會具名檢舉。

所以，當我以律師身分提出檢舉函並寄到律師公會，我的老闆立刻接到很多人來電關心，律師公會也打電話告訴我，我竟然是第二個具名檢舉法官的律師。第一位具名檢舉的是幾十年前的一位律師，言下之意，未來我可能會隨著那位前輩風蕭蕭兮易水寒、壯士一去兮不復還……。

此後我成為法院的黑名單。法官見到我一定覺得我是麻煩製造者，這可能會影響到當事人的審判結果，我不後悔，但是好像回不去了。

我之所以如此明快提出檢舉函，還有另外一個原因，「對就是對，錯就是錯」，法律人追求公平正義、保障人權，不該只是隨便說說，我可以鄉愿，但我做不到。

這都不是空話，我從十五歲就希望將來能夠福國利民、報效國家，這種個性註定我不會是個乖乖牌的律師。我也無法為了糊口勉強自己，更沒有辦法明知道不對的事還不吭聲。

有趣的是，人們在生死關頭，面對醫生往往會說真話，多私密都敢說；但同樣在攸關生死的重要官司上，面對律師卻往往說謊話，無論聽起來多不合情理，也照騙不誤。

在執業的第三年，有一次當事人在法庭上答辯的內容，跟他之前告訴我的完全不一樣，當然也就跟我提出的狀子內容完全不同；那時我才二十五歲，當庭決定向法官表示，我要解除委任，並對當事人說，我會讓我的律師事務所退費。然後我轉身就走，留下錯愕的法官和當事人。

在這種情況之下，我的說法跟他的說法兜不攏，繼續幫他辯護只會傷害到他的最佳利益。我知道自己的個性會影響到事務所的獲利，沒辦法，我就是很難勉強自己。

在這段執業過程中，我當然也曾經幫嫌犯辯護過，因為無論是誰，都受程序保障，都有接受公平審判的權利。但律師不能違背良知、隱匿或湮滅證據、教唆偽證，不能為了勝訴不擇手段，律師必須保障當事人的最佳利益，但同樣也有協助法院發現真相的責任。在公益與私利間，我認為律師是在野法曹，不是商人。

而且當律師之後，我開始面臨「法律無解」的困境。

律師能對民眾清楚解釋法律的相關規定，但對於法規本身的問題卻無計可施，還要告訴愁苦的民眾，「對啊！我也覺得這些規定不合理，但沒辦法。」

律師懂法律，知道法律不足之處，卻沒有修改法律的權力，這讓我格外難受。

在基隆市議員服務處駐點法律服務這六年，我大致瞭解了議員的工作不只是拍桌子罵公務員、罵市長，其實議員是要幫民眾謀福利，幫民眾發聲，幫城市解決城市的問題，而且也可以修改法律。

能為民服務，又能修改法律，所以有時候我會想，如果有機會當議員應該也不錯，因為議員能做很多律師做不到的事情；但我偶而也會想起，德國的學校應該還在等我的那一桶金吧！

多年之後才明白，我的人生規劃真的僅供參考，老天爺總會在關鍵時刻給出另一條更曲折、更辛苦的路，但我仍然義無反顧的踏上未知旅程，因為那條路上有我的夢想。

11 標會參選臺北市議員

一九九八年，朋友說新黨開放式初選，想要找年輕人參政，問我要不要參加？天啊！成為「修改法律的人」的機會終於來了，我想都沒想就點頭答應。答應之後才想到，我的存款只有八萬塊……。

我只有區區八萬元的存款，沒有顯赫的家世，不是富二代也不是政二代，還沒有強大的政黨後援……，為什麼會這麼衝動想投入選戰？

我喜歡公眾服務，我希望為民服務，在當律師這六年當中，法律服務這個部分是我最開心的工作，能用法律服務公眾、福國利民，是我的夢想。

參選議員這個選擇本身沒問題，但我有沒有條件參選呢？

首先，我當然知道自己極有可能會輸，但幸好我很年輕，不怕失敗，而且新人參選、落選都是經驗與磨練，當選是機會，落選是試煉，所以我並不怕選輸，連選輸都不怕了，參選有什麼好怕！

第二、我有專業，隨時可以回歸專業，進可攻退可守。

第三、我一直想進入體制內改變不公不義，想到我如果當選，就可以修改那些不合時宜而且嚴重落後、嚴重傷害民眾的法律條文，就讓我熱血沸騰。我要改革不公不義，讓善良百姓不再受到法律的傷害。

所以我就答應了！接下來就要擬定策略，盤點資源。

當律師的時候，我主要的生活範圍在臺北市的中正萬華區，事務所在萬華區的長沙街，應該選萬華區的市議員比較有利，起碼認識我的人比較多；但當時這個選區已有其他規劃人選，所以我被安排在內湖南港區參選。

二十多年前的內湖與南港，跟現在截然不同，很多地方還是荒煙蔓草，沒有內湖科學園區，也沒有南港軟體園區，到處都是草、草、草，而且還是很高的雜草。

一開始，內湖區與南港區的居民沒人認識黃珊珊，我唯一的人脈就是高中同學一家四票，但也從那一天起，結下了我與內湖南港一輩子的情緣。

當年代表新黨參選，新黨的領袖趙少康先生以他的實戰經驗幫大家上選舉課，他告訴我們這場政壇新人選戰該怎麼打的基本觀念，接下來，就各自努力了。

一切從零開始。我找了一個小店面當做競選總部，其他就靠雙腳到處走。隨之而來的問題是：選舉經費在哪裡？

好在當了六年律師，我有很多客戶，多半成為朋友，在決定參選市議員的時候，最大的支持力量就是來自這些朋友。他們知道我的經費不足，居然成立互助會，讓我標會當競選經費，他們也標會後再捐給我；每個月我慢慢交會錢，解決了燃眉之急。這群朋友也到處幫我拉票，而且從我第一次參選就一路相挺到現在，我一直深深感恩在心。

❖ 這是我們團隊第一次打選戰，開心選舉、快樂投票，從頭到尾都很快樂。照片裡的小孩是陳宥丞，當年十二歲，現在三十五歲。他陪我打了八次選戰，2022年正在投入他自己的第一場選戰，爭取做一個為民服務的臺北市議員。

同時還有一群義工朋友們主動幫忙，選舉期間我們每天都很歡樂，走在街上跟大家聊天，分享我的政見，瞭解大家的問題，瞭解地方建設的不足。我們的競選總部誰都能來，大家互相幫助，互相支援，很快就有了團隊的感覺和共同的信念。

有一天，有個媽媽把她十二歲的兒子帶來總部，因為媽媽工作忙，下課家裡沒人，他就到我們總部寫功課。那時他小學六年級，我們總部基本上就是他的安親班。

這個單親媽媽帶大的孩子，從小隨著媽媽的工作轉換環境，瘦小的他讀過四所國小，直到搬來內湖才安定下來。也許因為經常轉換新環境跟陌生人打交道，他跟誰都能搭話聊天，能言善道，大家都很疼他。

我去菜市場掃街拜票，也是這個小男孩拿著麥克風用童音打頭陣說，「各位叔叔伯伯阿姨大家好，請支持黃珊珊！」好多民眾看到這麼小的助選員，都笑瞇了眼，非常親切的跟他打招呼，鼓勵他，也鼓勵我。

這個小男生就是二十四年後內湖南港區的議員候選人陳宥丞。二十多年來，他就像是我另一個兒子，跟著我打了八次選戰，我鼓勵他自己出來選，也告訴他，從政其實不複雜，良心和法律就是基本底線，無私和熱忱才能走得長久。

一九九八年開票那天，內湖南港區的選民給了二十八歲的我最大的肯定，讓我以選區第一高票當選臺北市議員。那一年，我是議會第二年輕的當選人，外界對於我能當選都感到詫異，因為我在議會是少數非政二代的年輕人。大家都很好奇我到底是靠什麼當選的？

沒有政治背景和靠山，我靠自己，也靠認同我會好好做事與福國利民的選民們。還有……靠標會。

12 法律不能傷害人民

第一次競選市議員時，我的選舉政見之一就是提供「義務法律服務」，因為這是民眾最有感，同時我能用專業直接幫助民眾的服務。

從當選那一天開始，每個星期二，我都固定在服務處親自接受民眾的預約諮詢。假日我也會到社區、菜市場、里辦公室等處去巡迴服務。這是我對選民的承諾，除了生病或出國，我的服務風雨無阻，到我辭去議員進入市府的那一天，整整在港湖服務二十一年。

法律與陳情服務其實很簡單，就是「與民有約」，民眾先打電話預約，就跟醫生看門診一樣，我會一對一、面對面的回答民眾問題，大部分都是陳情案或法律問題，後來做出口碑，還有民眾從外縣市遠道而來。

很多民眾陳情的內容，讓我更堅定了自己的信念，法律不能傷害人民。好比讓我特別揪心的這位女孩。

那時候我才剛開始當議員不久，一位女孩來找我求救。二十五歲的她收到法院通知，必須繼承爸爸在銀行欠下的兩千萬債務。她說：「兩千萬！我怎麼還得清？」債務銀行已經查封她的帳戶去償債，她急得哭了出來。

我問她詳細狀況，她說，她根本沒見過爸爸。因為父母很早離異，她跟著媽媽長大，爸爸當然也沒有出過一毛錢養她，更不知道爸爸怎麼會欠下這麼大數目的債務。當她千辛萬苦念完碩士，開始就業，還剛剛跟男朋友訂婚，沒想到一夜之間，身上忽然多了兩千萬債務，即將光彩耀眼的人生從此變成黑白。夢想再大也追不起了！甚至不敢問男朋友是不是還想娶她……她的眼淚沉重無比。

我向她說明，這是因為她父親過世時她沒有辦理拋棄繼承，但沒關係，因為法律規定「知悉死亡後三個月內拋棄」，也許父親過世十年之後子女才知道，那也是從十年之後開始計算三個月。當事人什麼時候知道，就從什麼時候起算，這是保障民眾的安排。

我告訴她，現在當務之急就是立刻辦理手續，她只要書面向法院聲請辦理拋棄繼承就好。

我處理過許多類似的案子，每一位當事人都成功的拋棄繼承。

過了不久，女孩又來了，她說法院駁回聲請，因為債權銀行提出證據，證明她早就知情。

怎麼證明的呢？女孩說，當時是從沒聯絡過的姑姑找到她，告訴她爸爸過世了，希望她參加公祭。女孩說，這是身為女兒能為爸爸做的最後一件事，所以她去了。

她在告別式上香、鞠躬。沒想到債權銀行早在靈堂現場拿著攝影機全程錄影；女孩去上香的畫面，就成為她知道父親死亡日期的直接證據。

銀行等三個月拋棄繼承的期限一到，才透過法院查封女孩的薪水帳戶。等女孩辦理拋棄繼承，銀行拿出準備好的告別式錄影來證明女孩早已知情，法官只能基於事實駁回女孩拋棄繼承的聲請。

她問我還有辦法嗎？我說，就法律專業來說無解，因為現在法令就是這樣規定。也許妳往後只能擺地攤，收現金，起碼不會被查封薪水。

這意外轉折讓女孩深受打擊，更加喪志。為什麼代表公平正義的法律會要她肩負起與自己完全無關的債務，為什麼要用她的一生來幫從來不曾養育她的

❖ 我們的法律服務不只在服務處，還會巡迴到社區、菜市場、里辦公室擺攤，二十一年以來服務超過十萬人次。

爸爸還債？為什麼沒見過面的爸爸過世，奪走的卻是她的一生夢想？

這件事讓我夜不成眠，身為議員與律師，眼睜睜看著法律無情摧毀一個二十五歲女孩的未來，卻無計可施。

在這個明顯不合理的事情上，只因為「合法」，就讓很多人在不知情的狀況下，意外繼承與他們無關的天價債務，過著無望的人生。

但所有法律都是人定的，而且

現在的法令跟過去的法令不同，隨時都會依照時代改變、依社會需求修訂，當法律傷害人民，當然必須修改。

我決定當那個「改變法律的人」！

一旦決定，我立刻開始奔走。我找法官、同學和老師們討論民法繼承規定的不合理處，一再提出陳情，請立法委員修法。立法委員提案還不夠，必須再說服更

❖ 來法律服務諮商的民眾，都背負著生老病死的難關，除了提供法律諮詢，還要安撫他們的心靈。

多立法委員願意連署支持這個修正案，表決時更需要他們投下贊成票。在一場又一場的說明會、協調會上，我一再疾呼，如果法律傷害人民的權益，當然要修改。

經過十多年的努力，在各方奔走下，立法院終於在民國九十八年五月二十一日三讀通過民法繼承篇的修正案。

當時《司法周刊》報導的標題是：「立法院三讀通過繼承全面改採限定責任」。

內文強調修正後的法條，經過總統明令公布施行後，將全面改採繼承人限定責任，我國數千年來傳統的父債子償習俗與法律，都將一併宣告走入歷史。

這次修法特別增加法律溯及既往，一舉改變許多民眾的命運，解除他們背負多年、因繼承而來的債務，擺脫生命的重擔。

全體國民適用新法「限定繼承」規定，父親若遺留兩千萬元債務，子女只繼承到五百元的遺產，僅需償還五百元的債，不必償還兩千萬元的債，不會再有父債子償的悲劇。另外也可採取「拋棄繼承」的做法，由繼承人放棄被繼承人的遺產及債務。民眾面臨類似狀況時，可以找律師諮詢是否須依法進行遺產清算程序，更完整的保護自己的權益。

這個修正案不只改變了那位女孩的命運，也改變了臺灣，改變了很多人的命運，讓我覺得當民意代表很驕傲。因為我們可以改變這個社會，可以改變這個城市，進而改變這個國家。這也是參與公共服務最大的成就感。

我喜歡服務公眾，法律服務對我不是負擔，而是喜樂，因為每幫助一個人，我就覺得自己做了大功德。相信這次的法令修改幫助的是無數家庭，十多年的功夫，每次的努力，一點一點，我們真的努力改變了這個社會。

當然還有很多法律有不合理、需要修改的地方，我衷心希望，此後不要再有任何人因為不懂法律受到傷害。

13

議員小學堂

議員的工作內容不只是我擅長的法律服務，更重要的是問政，我足足花了四年時間才學會。

過去立法院常常看到立委質詢官員，立委氣噗噗地罵了兩分鐘，官員說：「委員，但這個不是我們的職掌。」立委生氣的說，「你就是推卸責任！怎麼不是你們的職掌？」

實際真的不是這個部門管理的業務，釐清之後，外界發現這位立委根本連哪個部門管哪些業務都搞不清楚，光會罵人，丟臉可丟大了。

這樣的案例屢見不鮮，因為民意代表看過太多質詢的新聞畫面，都知道記者喜歡衝突畫面，只要拍桌、怒罵首長，記者就會反射性地擠在一起搶拍這個畫面，頓時間鎂光燈閃個不停，民代內心歡喜，謾罵的聲音就更大了！

我永遠記得黃茂榮教授告訴我，只會哇哇叫沒有用，要思考怎麼才能在當權者的位子上，解決民眾的問題，「去成為體制內的人，去成為從內部改變不公不義的人。」

要改變，並不是靠拍桌子、哇哇大叫就能完成，如果大聲就能做事，那政府根本不需要這麼多部門，只要一台擴音器就好了。

我對自己的期許是：福國利民，去服務那些需要幫忙的人。我必須做足準備，每一次質詢就是我推動社會進步一點點、改變一點點的機會。

質詢，首要之務就是必須搞清楚市府各部門與各機關是做什麼的，瞭解他們負責的業務，才能夠準確質詢。跟準備開庭一樣，我必須要全盤都搞清楚。

為了掌握其中的眉眉角角，我努力學習。我與優秀的議員鄧家基、許淵國同一個質詢組，觀察他們怎麼質詢，抓著他們問問題，他們教了我很多。

從質詢稿寫到質詢後的新聞稿，第一屆任期，我戰戰兢兢從做中學習。當時年輕，整天在議會裡面忙來忙去。還有不認識的人問我，「妳是哪位議員的助理？」

「我是黃珊珊！」

「喔，妳是黃珊珊的助理？」

「我就是黃珊珊。」

我猜，他們可能覺得這個女生看起來很好用，有機會挖角過來也不錯，沒想到挖到議員本人。

這段學習時間多長？說實話，我腳踏實地花了四年，才敢說自己真搞懂了。其實人生這麼長，怎麼可能任何事情都天生就懂，一定是活到老學到老，所以我一直在學習，即使現在也還是天天學著多進步一點點。

前面這些基本功一定要做，後面的質詢全都仰賴這段時間打下的基礎。很快的，官員就知道我這個議員質詢都是有所本的，而且已經充分準備。更重要的是，他們知道我堅持的是為民眾謀福利，不達成目的，我不會罷休。

我相信由公務員組成的臺北市政府，也希望能夠為民服務，但公務員最在乎的就是必須「依法行政」，很多時候，緊緊的黏著、守著、綁著「法律」二字，反而會讓自己寸步難行。

好比有些公務員不敢擔責，看到與法規違背，先罰再說；民眾不滿，請他們去訴願就好。這也是我以前當議員幾乎每天跟市政府辯論的內容。

例如之前的一個例子，一家銀行行員在三十七天之內反覆與同一個對象結婚四次、離婚三次。依照勞基法：結婚可以有八天婚假。她結了四次婚，每次婚假結束就離婚；隔天再婚；如此申請四次婚假，共三十二天不必上班，但薪水照領。合理嗎？當然不合理，明顯違反常規，利用法規圖利自己。銀行只批准一次婚假，於是行員向臺北市勞動局檢舉銀行違反勞基法，結果，勞動局判銀行要罰兩萬元。

這則新聞發生時，我已經是臺北市副市長，但內心傻眼的程度跟我擔任議員時期一模一樣。

這擺明了是行員故意「利用」婚假，想從中得利，顯然違反誠實信用原則，完全不合理。但臺北市府勞動局的處分就像恐龍一樣，身體大、腦容量小，完全沒有考慮這是權力濫用的脫法行為，只著眼法律去探究結婚離婚手續是否合法，是否違反勞基法，於是對銀行裁罰。這就是「法匠」，忽略法律是合理的規範，依法行政要合情合理的原則。

後來輿論譁然，勞動局主動宣布撤回對銀行兩萬元的罰鍰收場。但還有太多案例依舊在冗長的訴願過程中，耗時耗力，拖垮民眾的心力與財力，也影響民眾對政府的觀感。

這種恐龍判決才會大大傷害人民對政府、對法治的信任。政府擁有龐大的裁罰權力，更要小心謹慎的處理。依法行政固然重要，但依法行政仍有很多原則，法律是為人民存在的，不是被人用來得利或傷

❖ 質詢是議員的工作，要把事情做好，從來不是靠拍桌子、哇哇大叫就能完成。我的質詢不只問問題，還包括提出完整的處理方案。

害他人的。死守法規不知變通，才是真正的災難。

談法規，我在行，不過有很多事情其實有模糊空間，要論合法，可能沒有法規允許，但如果反過來問，「是否違法？」倒也不違法，因為也同樣沒有法規禁止；像這種情境，就是議員可以幫民眾爭取的空間。

所以，我從政的初衷，就是希望百姓不要再因為不懂法律受到傷害，更希望政府千萬不要成為食古不化的官僚。

我從政的信念是：「理性問政，紮實服務」，從不做譁眾取寵的質詢秀。

我所質詢的案子，從頭到尾都整理過才提出，會在質詢中點出問題，並且提出解決辦法。當官員對我說「於法不合」，我反問他：是哪條法？哪裡不合？我毫無畏縮，因為我早就把相關規定整理好，準備好大家來辯論，最終證明我是對的。

正因為從質詢稿到新聞稿都親自操刀，加上我擇善固執，助理們一開始會覺得這個老闆很難搞，意見很多、態度又硬；後來逐漸發現跟著我相對單純，因為我們的理念很清楚，福國利民請進，爭錢弄權別來。

在我的辦公室裡，從第一次當選市議員，到後來連任六屆市議員，助理群中有六位跟我一起打拚二十多年，實屬難得；因為他們都知道，進了我的辦公室，不需要做亂七八糟的事情，擔亂七八糟的責任，甚至揹亂七八糟的鍋。

因為我們沒有家族政治勢力與強大政黨奧援，完全靠團隊認真努力、實實在在做事，才讓民眾信任我們，支持我們，願意熱情的幫我們奔走拉票。大夥很單純的一步步往前走，有共同的理念，希望透過我們的努力，可以一天天的改變這個社會，一起完成福國利民的夢想。

我們堅信，認真的人一定會被看見。

14 沒辦法是因爲還沒找到辦法

來議員服務處求救的往往都是痛苦的人，他們帶著人生中最痛苦的事情來找我們幫忙。這些都不是簡單的事情，他們自己碰壁了，四處找人都無法解決，才會來找議員想辦法。而我們的工作就是在不違法的前提之下，幫他們找辦法。

二十多年的議員經驗告訴我，「沒辦法」有時候是真的沒辦法，但有時候是「『沒』打算想『辦法』」或「還『沒』找到『辦法』」。

像是二〇一二年光華巴士打算承租內湖區內溝里康湖路上的保護區做為巴

士調度站，對地方居民來說，這條路很狹窄，沒有調度站之前已經常發生車禍，未來如果開設調度站，恐怕會更加危險，所以里長到處陳情，希望能擋下這個案子。

這個案子相對棘手，因為只要插手，可能和業者利益有衝突，也會減少將來選戰的廣告曝光機會，在選舉期間每一塊看板、每一次曝光、每一輛公車廣告，都很重要。

後來里長來找我。我們到現場觀察，道路確實狹窄，而且這裡是內湖與汐止之間來往的重要連通道，車流很大。我們的團隊看著我，眼神裡當然迅速傳遞了「公車廣告對我們真的很重要」這類的神情。怎麼辦呢？

公車固然是大眾交通的重要角色，但居民的安全也重要，我想幫他們找出平衡點，於是召開協調會。後來環保團體注意到調度站承租的工地是保護區，一起提出抗議，才成功擋下這個承租案。

還有一些是眾人的事，結果反而沒人願意管。

好比臺北市有很多私人社區，天雨路滑又沒有風雨走廊，但這些道路不光是社區內的人會走，路人也會從這兒經過，曾有不少人在這些道路上滑倒受傷，嚴重的甚至骨折；傷者想要提出國賠，才發現道路是社區所有，應該由管委會來賠償；但這些社區管委會已經沒錢設置遮雨棚，又怎麼有錢賠償路人？

我們當然可以什麼都不做，後果就是繼續有人滑倒，更多市民、尤其是年邁的市民走過濕滑的道路一次次跌倒受傷，老人家真的經不起跌倒，後果往往都很嚴重。

既然大家都沒辦法，那我們就來想辦法。

我說，現在不只是賠償問題，更重要的是行人的安全問題。市政府總要保護市民行的安全吧！

於是，我跟建管處、新工處多次開會，前後協調好幾次，終於讓市府同意由市府統一編列預算，為這類私地內供公眾通行的道路，逐年編列固定預算辦理更新與維護，給市民一條安全的人行道。

許多諸如此類的問題，都是發生在公眾與私人之間微妙的地方，如果沒有人跳出來多管閒事，就是持續的毀壞與崩解，但如果有人能夠把這些問題當作自己家的事來處理，結果就會不一樣。

另一個案子是南港區的重陽花園新城。這裡是二〇〇三年落成的國宅，一開始就由管理委員會負責社區維護管理，但直到保固期結束了住戶才入住，發現頂樓漏水嚴重，可是建商的保固期已經結束，社區的公共基金根本無力修復。

又是一個三不管的尷尬處境。這麼大的社區，頂樓漏水如果不處理，整個社區住戶都無法安居樂業。管委會來找我陳情，問我有沒有辦法解決這個困境？

這麼多人的大社區，這麼曲折離奇的經歷，就算沒辦法，也要找出辦法來！

我請都發局直接來與民眾討論溝通，確認國宅落成時，正是SARS影響的高峰，因為這是個全新而且無人入住的社區，才暫時挪為其他重要的用途，導致購屋民眾與營造商之間的保固合約，在交屋的時候

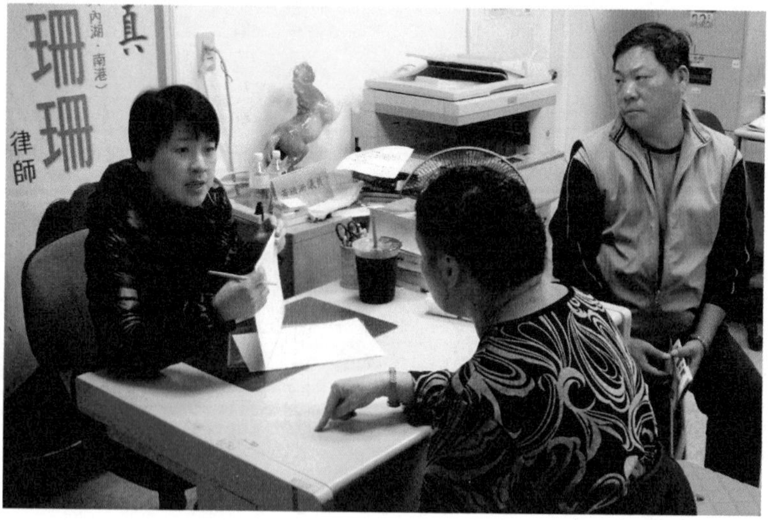

❖ 民眾帶著疑難雜症來服務處，我們的任務就是幫忙想辦法，沒辦法其實是還沒有想出辦法。

❖ 牽涉的民眾越多，事情往往越難協調，這時候就要想辦法找出平衡點，才有機會形成共識。

❖ 我經手的陳情案太多，有時候看到民眾的臉，記不住他們的名字，卻會記得他們的陳情案內容。

就已經過期。

在與市府反覆磋商討論之後，市府也認同民眾權益不應該受當時疫情影響而損害，所以同意由市府支付這筆維修款項。最後，公部門來發包、簽約，負責維修，漏水修復，結果皆大歡喜。現在這個社區已經獲得「優良公寓大廈」的好評。

所以我說，沒辦法也許不是真的無計可施，而是還沒找到可以解決問題的辦法。

15 事在人爲，絕不輕易說「不可能」

類似重陽花園新城的案子還有很多，由臺北市政府興建的康寧天闊國宅在一九九六年落成之後，到二〇〇七年發現擋土牆排水不良，牆面膨脹有裂痕，附近地面下陷，民眾大為恐慌，技師也鑑定恐怕會有公共危險。

怎麼辦？民眾來陳情，我們來想辦法。

我們立刻邀請都發局局長到現場會勘。會勘結論是將會委由專業人員進一步鑑定安全性，以及決定後續處理方式；都發局也願意協助處理。我們在會議記錄上面寫著，都發局願意負起責任。

可是，沒過幾天都發局就變卦了。管委會就此與都發局展開冗長的訴訟，原因在於市府對於鑑定原因與後續處理的作法，與居民的期待不同。

民眾認為市政府責無旁貸，可是市政府認為責任並不在他們，因為擋土牆設計符合當時的法律，國宅建設完成之後，維修的責任就移到了管委會。言下之意就是，現在的演變與市政府已經無關，所以管委會與都發局之間打起民事訴訟，纏訟了十多年，還是無法解決。

我數度提出質詢，因為山坡地擋土牆的問題牽涉到當地居民的生命安全，哪有時間繼續纏訟下去。況且從二〇〇七年擋土牆開始出現龜裂膨脹、無法排水以來，寶貴的時間都花在打官司，根本無從保障居民的居住安全，居民擔憂到每天都睡不好。我們團隊也經常跟他們交流意見，大家都覺得如果一定要等到官司水落石出，再來決定責任歸屬，然後才開始發包又要一陣子才能維修，真不知道要等多久。

我也數度跟市府溝通，如果時間繼續花在訴訟，而不動手解決問題，誰知道哪一場大雨會讓這個危險的擋土牆惡化？後果市政府能夠承擔嗎？

不僅民眾寢食難安，我也很緊張，尤其每次下大雨，傳出某個地方有災情，更讓國宅居民驚恐。其實市政府也知道狀況嚴重，再拖下去恐怕會因為未及時施工補救，造成難以彌補的遺憾。

❖ 會勘的重點就是現場協調，要找出大家都能接受的解決方案。

我覺得這個狀況越來越荒謬，明明雙方都希望為了安全要趕快補強擋土牆，但礙於訴訟案正在進行，很多工程都必須暫緩；為了施工而訴訟，但又因為訴訟暫緩施工，簡直就是雞生蛋、蛋生雞的難題，再拖下去毫無意義。

我一再穿梭協調，總算讓市府與管委會都同意停止訴訟，市政府願意負擔後續補強工程，但因工程費用高，市府預算有限；我們又與社區協商，最後雙方同意由市府九成、社區一成的比例分擔工程費用，總算解決了多年的隱憂。

我當然希望市政府願意退讓、願意出資，但這需要時間溝通，因為有時候官員習慣拿著「依法行政」四個大字來保護自己，但人命關天，真的不能等！

我瞭解雙方立場，想辦法找到他們之間的平衡點，盡量協調讓雙方都能各退一步，化不可能為可能，儘管結果不能讓雙方都百分之百的滿意，但起碼要做到讓民眾能夠高枕無憂。

16 原來我是不平凡的媽媽

我在一九九七年結婚，一九九八年第一次當選議員，二〇〇二年生下兒子。我在懷孕期間還是每天從早忙到晚，所以連生小孩都很有效率，痛兩個小時就生完了。

孩子長大的過程中，我每天的身分是媽媽，也是議員。他從小不只一次抱怨過媽媽都忙工作，沒空陪他。有一次他說，「我不喜歡不平凡的媽媽。」

這話聽起來有點埋怨，但又有點肯定。我問他，什麼是「不平凡」？他說，上過電視或報紙就是不平凡。我真不知該哭還是該笑？

說真的，每次聽他抱怨我工作太多，我心裡都五味雜陳。比起我媽從小細心的照顧我、陪伴我長大；對兒子來說，我真是個不合格的媽媽。我給孩子的時間，遠遠比不上我媽媽給我的時間。

當然，我也想要好好陪他，可是身上的責任與任務這麼多，只能夠狠心「分配」我的時間。所以他小時候最常跟我說的一句話是，「媽媽，妳為什麼都不陪我？」

當媽的人聽到這句話，真是無比的內疚。

他小學三年級時，我帶他到服務處看我的工作實況。兒子說，「好多人在排隊啊。」我說：「是啊！每天都是這樣。」

他看到很多人來問我問題，告訴我家裡發生的不幸，有人遇到車禍糾紛、欠債或官司問題，或是遇到了詐騙、各式各樣的困境，都來問我該怎麼辦？有些人邊講邊抹眼淚、有些人越講越激動，我一一安撫安慰，一一幫他們分析問

❖ 兒子小時候最常說的一句話是，「媽媽，妳為什麼不陪我？」只要有機會，我會帶著兒子一起進行法律服務。

❖ 即使在打選戰，只要兒子出現，我一定會放下工作抱抱他，因為我知道他很想我、我也很想他。

題，想辦法解決他們的困難，也許安排協調會，或是轉給能夠提供他們社會福利的政府單位，一位一位地解決他們的危難。

那天，兒子跟我一起回到家之後，他就跟我說，「他們好可憐，那妳就幫幫他們吧！」

這句話讓我覺得兒子跟我是同一個團隊。所謂的「團隊」，就是有共同的目標，一起往目標前進。我一直以來最喜歡的就是幫助人，用我的法律專業為社會做點事。兒子知道我的使命，也看到我的能力，而且他願意尊重我的意願，讓我去完成夢想，幫助更多人。

兒子此後再也不抱怨，甚至三不五時還會給我一些驚喜。好比學校母親節活動，他會寫卡片給我，送給我三張兌換券，其中一張，是他要當我一天的祕書。我心想，這也太了不起了吧！媽媽身邊的這些祕書與助理，可都陪了媽媽二十年，只差不會飛天遁地，其他無所不能。

我也很感動，因為在小朋友的世界裡，媽媽身邊的祕書就是可以陪媽媽一整天。也許他想要的就是陪伴我一整天。

記得他在小學三年級時，用注音寫了一張母親節卡片給我，「媽媽，我長大以後，每個星期都會去看妳，陪妳睡覺，也會給妳錢。」當時的我有點感動得想哭，但又想大笑。

兒子很喜歡我媽媽，也就是他外婆。那時候媽媽剛搬到臺北，我每個週末帶兒子去陪她住兩天，我們一起陪外婆吃飯聊天，看來他耳濡目染，小小年紀就知道將來該如何孝順我了。

只是我們都不知道，等在我們母子面前的，是我們從沒遭遇過的重大意外，徹底改變了我，也改變了兒子，我們都被推著快速長大。

17 在加護病房裡醒來

全心投入工作多年，我的身體可說是消耗到極致，事情太多、睡眠太少；咖啡喝太多、水喝太少，而且很少上廁所，根本沒空運動、更沒想過養生，可想而知，健康檢查上一堆紅字，三高一個都沒少，但紅字歸紅字，壓根沒想過要怎麼改善、怎麼照顧自己的身體。

二〇一五年一月六日是我生命中很重要的一天。這天我照常上班、照常開會，中午不舒服就先回家休息，到傍晚頭暈嘔吐不止，打電話給助理，醒來時已經在加護病房。

躺在病床上，我不知道未來會怎麼樣，腦海裡浮現的不是人生的跑馬燈，而是薛岳的那首歌「如果還有明天」。

薛岳是我高中時候的歌手，記得轉進台大法律系不久，看到他罹患肝癌的消息。他在重病中還開演唱會，唱著這首著名歌曲，「如果還有明天，你將怎樣裝扮你的臉？如果沒有明天，該如何說再見？」

真正在大病中，才發現「明天」有多珍貴。

過去自以為可以掌控工作、掌控進度、掌控一切，其實我連自己的身體都無法掌握。其實我內心深處並不恐懼死亡，但這種「失去控制」的狀況讓我害怕。

那時我剛打完第五次議員選戰，完成五連霸的紀錄，想做的事、都做到了；想去的地方、去過了；想達到的目標、達到了。將近二十年來，我幫助許多人，每個案子都盡力做到最好，可說是此生無憾；不過責任未了，心中還有太多牽掛。

最難捨的當然是才十三歲的兒子和八十五歲的媽媽，如果真發生了什麼憾事，他們怎麼辦？還有多位跟隨我十幾年的助理們，我們一起打拚、情同家人，他們跟他們的家人的未來何去何從？這都是我的責任。

一場突如其來的大病看似人生重大打擊，但我回頭看，發覺這確實是上天賜給我最好的禮物，表面上關了一道門，實際上狠狠的敲醒了我，幫我打開了無數扇窗，幫助我學會用不同的眼光看人生。

因為這場大病，第一次深深感受到生命的短暫與脆弱，原來日子不是一條無限長的長河，而是看得到盡頭、屈指可數的限量品，千萬要珍惜、絕不能虛耗！想做的事情要趕快去做，不想做的趕快放下，不能再浪費生命與細胞了。

我也第一次體會到健康的重要，開始認真照顧身體，行程表不再只是工作，還要把健康、運動、早睡都排進去，照表操課。

最重要的收穫，是我學會「豁達」。

有位朋友跟我生過一模一樣的病，知道我倒下來，立刻來病房看我。我看他笑容滿面，模樣氣色甚至比生病以前還要開心、還要健康，忍不住問他到底秘訣是什麼？

他說，除了按照醫囑吃藥，他還列了兩個表，一個表列出自己想做的事（To Do List），另一個表列出再也不想做的事（Not To Do List），接下來，他只做自己想做的事，不做不想做的事，就這麼簡單！

聽到朋友這麼說，我也著手列出自己的表，才發現看似快意自在的人生，竟然藏有那麼多的衝突與妥協，更沒想到我有好多想做卻沒法做的遺憾。

相對於其他人，我其實已經活得夠隨心所欲了。從小就很有主見，自己的事情自己決定，我的字典裡真沒有「委屈」這種字眼，儘管不委屈，卻還是有許多不想做、但不得不硬做的事。

想做什麼？我躺在病床上，一一列出。然後把不想做的事情也一一列出，驚訝的發現，居然我不想做的事情，遠比「想做的事情」長很多！

當人拚命往自己的生命中塞進很多不想做的事情，就會沒有多餘的空間與時間，去完成真正想做的事。多可惜啊！我看著這個「人生清單」，告訴自己人生苦短，想做的事情快去做，不想再做的，趕快刪除（Delete）掉！

❖ 一場大病改變了我跟兒子的角色，以前我照顧他，病後他反過來照顧我。這是坐在副駕駛座的媽媽視角，有兒子送的「玩具總動員」抱抱龍，還有他一歲的大頭照。我衷心感謝能有他來當我的兒子。

真正面對死亡之後，察覺自己居然可以連死都不怕，這真是一種很驚奇的發現。連死都不怕，代表世界上真沒什麼值得害怕，所以我無畏，更加篤定的專注目標，就這樣一步一步的展開了新生命。

18 爲政之道就是心存百姓，耐煩而已

二〇一五年我出院不久後，立委選戰即將開打。

二〇一二年，我第一次代表親民黨競選立委，得到將近四萬票。因為單一選區兩票制的規則，我與其他的親民黨立委候選人一同拿下超過5%的政黨票，可以分配兩席不分區立委。雖然我選輸，但親民黨可以在立法院裡有自己的黨團，仍有力量。

有人說政治人物一定要經過一次敗選，才會有所成長。我倒是覺得還好，敗選並沒有讓我的人生飽受打擊，因為我很樂觀，我知道人生還有很多機會，

只因一次敗選就灰心喪志的話，那接下來就不選了嗎？就活不下去了嗎？並不會！如果還想從政，還想發揮自己的力量，就必須堅定目標，眼光遠大。

二〇一二年的立委選戰失利之後，我四連霸又當選了一屆議員。選民用選票告訴我，我們欣賞妳，支持妳。因為大家都看到了我認真問政的成績。

但二〇一六年我第二次挑戰立委選舉，才大病初癒，體力上跟以前無限制燃燒的狀況不一樣，但這次選舉不是為了我的這一席立委，這一次依舊是單一選區兩票制，一票投給立委、一票投給政黨，如果我退選，親民黨少了一個據點，很可能就沒辦法在立院有不分區的席次，但如果我選，起碼會加分。

所以咬了牙，為了政黨，再選一次！

之所以這麼拚命，因為親民黨宋楚瑜主席要參選總統，我當然義不容辭、盡力而為。我覺得宋先生在省政府時期的團隊，是夢幻的執政團隊，所有人將士用命，每個人都有共同的夢想與目標，而且都很能幹，很會做事。

我曾經問過宋先生，同樣是公務員，為什麼他的省府團隊可以做的這麼好？

宋先生告訴我：「為政之道無他，心存百姓，耐煩而已。」

他解釋：因為心存百姓，所以自然會知道什麼該做，什麼不該做。當領導者目標明確，就是要福國利民，想升官發財的請往其他地方去，想作秀的也請離開，能留在團隊的就是知道前面沒有大富大貴，也沒有高官厚祿，但能為百姓做事，自然會吸引來一批想做事的人。

民眾會知道這批人不一樣，做事情的方法也不一樣，不會拿著雞毛當令箭，不會動輒拿法令來阻擋進步，而是想辦法排除法令的障礙，讓進步自然而然發生。

有一次我跟宋楚瑜先生到宜蘭巡迴演講。他演講，我則把法律服務團隊帶去宜蘭，在宜蘭與鄉親面對面做法律服務。宋先生說，每次到宜蘭，他都想到政壇上有人說他「要五毛給一塊」，就是發生在宜蘭。

事情起因於當地需要經費整治河川，其中一段河川的治水預算是五百萬，遍尋不著補助來源，於是來找宋先生求助。有些政治人物為了拉攏人心，一句話「包在我身上」就答應下來；但宋先生不一樣，他請團隊裡專精河川整治的智囊先幫忙規劃整治計畫。

後來他不僅答應請求，還一口氣給了五千萬預算，因為光整治這一段的河川沒用，等於五百萬砸進水裡，下大雨還是會氾濫；要終結水患，就要上中下游一同整治，後來這條河不再潰堤。於是宜蘭鄉親說宋先生是「要五毛，給一塊」。

我很欣賞宋先生做事的魄力。於是花了二十年，也建立了我自己的團隊。

團隊裡的人都跟了我一、二十年，每一位都能獨當一面處理事情。而且我們的中心思想就是「福國利民」。這些都不是靠口號喊出來的，而是一天天在做事過程當中表現出來的。

當我的態度不結黨營私，不把利益放在前面，整個團隊就不會把私利放在前面。當我在態度上相信改變，勇於挑戰，我的團隊也會跟著願意突破舒適圈，在不可能的地方找出可能性。

至於宋先生口中的「心存百姓，耐煩而已」，「耐煩」這兩個字，就是想辦法跟民眾「同理」。許多陳情案的案情單純，幾個關鍵談好，問題就迎刃而解。但民眾積了滿肚子的話想說，這時候如果說後面還有其他行程而打斷他們，就算事情辦成了，他們心中的感受也不好，因為他們需要的，其實是人對人的關心。

民眾陳情時，常常一激動就會把事情說得萬般複雜，這時候就得好好的聽，其實就像是心理治療，專心聽他們說，光是「傾聽」，就能讓他們得到情緒上的紓解，感受到認同，然後我們再著手處理事情，「同理」走遍天下。

但選舉除了政見，除了選民服務，想當選還是得要掃街、拜票，做足「選舉動作」。

記得那時醫生特別叮嚀

❖ 站在路口向選民問好請安是選舉的基本功，也是時時提醒自己民意代表權力的來源。

我，千萬不能從事高風險運動，要好好休養。所以幕僚開競選會議時，不是討論要我去哪些地方掃街，而是討論到底能不能讓我站上吉普車，因為那時我的身體虛弱得連高底盤的吉普車都爬不上去。

雖然團隊表示可以代替我去跑所有行程，但大家都知道，選民就是想看到候選者本人。當時跨黨派共同競選活動還安排「首都陣線」騎車亮相，讓五位候選人一同騎腳踏

❖ 大病初癒，參選立委，柯P來幫忙，我們一起騎車造勢。其實照片裡的每個人都很擔心我的身體狀況，我倒覺得挺好玩的。

車，一方面讓選舉新聞有畫面可拍，另一方面也展示實力，要秀出大家的健康與活力。

騎不騎？一定要騎！

幕僚沙盤推演出一套安全配套措施，他們在我的前後陪騎，預先準備好所有可能的應變措施，外加性能良好的腳踏車與安全帽。眾人萬分警戒的陪我到了現場，我的心情是既來之則安之，但我猜他們內心都很害怕，畢竟我幾個月前還躺在加護病房。結果，我順利從內湖騎到松山。團隊看到我下車時老神在在，終於鬆了一口氣，還開玩笑揶揄我說：「氣色不錯喔！」

那時候一定不會有人相信，在短短五年之後，我這個讓人心驚膽跳的病人，居然可以騎腳踏車從臺北到新竹，六年之後，甚至可以騎到彰化。看看當時我蒼白的臉以及現在健康寶寶的模樣，只能說這五年之間，奇蹟真的發生了。

19 To do list

二〇一四年底議員五連任，二〇一五年一月生重病，二〇一六年一月立委落選，這一串事情都過去之後，我想，也好，開始真正有時間好好調養身體。

在此同時，我與前夫和平協議離婚。我取得兒子監護權後，獨力扶養他，成為單親媽媽。對於這段婚姻關係，我始終感謝，因為有這段婚姻，我才會有這個非常棒的兒子。

在我養病期間，當年才十三歲的兒子一肩扛起了照顧我的責任。他彷佛一夜之間就長大了。但他在青春期，怎麼可能不叛逆？就在我們兩個硬脾氣要對撞的當下，他會想起我是病人，絕對不能生氣，一秒之後，他就主動退一步，讓我好震撼；那個從小一直說「媽媽不要工作」、「媽媽陪我玩」的小男孩，已經成熟了，他努力讓自己成為可以讓媽媽倚靠的肩膀，一陣暖流湧上心頭。

這樣的一個小孩，不久前還會在競選總部鑽到我懷裡討抱的小孩，現在已經長得跟我差不多高，而且成熟到懂得體貼與關懷他人。雖然我從來沒有想過自己會成為單親媽媽，與兒子相依為命，但這段遭遇讓我發現自己真的很幸運。

所以儘管這段日子很辛苦，很黑暗，卻也是老天爺給我的功課與禮物。

生病之前的人生，我可以說是「心想事成」，所有想做的事情，我都做到了。第一志願的學校、成為律師、五度當選議員、贏得廣大選民支持，人生真的是一帆風順；但突如其來的大病讓我知道，再大的成就只要失去了健康，都

❖ 馬上把滑水放進我的「To do list」！

可能在一夕之間消失，也讓我看到生命真正「重中之重」的是什麼？什麼才是我最在乎的事？帶給我人生很大的啟發。

原來生命不是無限制的長，原來人生很有可能瞬間就畫下句點，所以要做的事情得要趕快做，因為人生太寶貴了，不能虛擲浪費，我得要活得夠本。

於是，我又拿出在病床

上寫下的To do list，還有Not to do list，我不想做的事情在表單上有長長一串，數一數居然快五十條，原來以為自己活得隨心所欲，活得很像自己，其實我還是背負了一長串並不想做的事情，勉強自己全都做到。

看著這一串Not to do list，我拿起粗粗的紅筆，好！刪除！一項一項的delete！

不想做的事！我再也不做了！

刪除時也曾自問，這些真的可以不要做嗎？隨後一想，我連死都不怕，這些事情不做真的不會死，何必勉強！刪啦！

就這樣，一項一項的刪除掉不想勉強去做的事情，邊刪除，我就感受到緊緊禁錮的心靈漸漸放鬆，是啊！這些事情我再也不做！不做真的不會死！人生就像清空了一個一個堆滿雜物的房間，豁然開朗。

光刪除不想做的事情，就給我帶來莫大的喜悅。接著，再加上一項又一項真心想做的 To do list，感受到我乾癟的靈魂逐漸復甦、充電、茁壯。

其實我什麼都沒做，只是刪除表單上不想做的，增加想做的事情，就能讓內心感到活力與喜悅。原來這麼容易……。

原來，也這麼的難！因為這些刪除與添加，都是以前的我絕對做不到的事，真要經歷過生死關頭的一瞬間，才會感受到生命的寶貴與稀有，才知道生命真的不能繼續浪費在不重要、不想要的事情上。

直到這一刻，我才能下定決心掌握自己的生命，不要因為無法拒絕，就繼續扛一大堆不需要扛的事情在身上。

於是，我又做了個重大決定，因為日子太寶貴了，我沒有時間生氣，我決定要每天都很快樂，每天都活得夠本，笑個夠本。

所以我的To do list上面並沒有太魔幻的事情，像是「去世界十大旅遊勝地」就沒有在其中，相反的，我希望自己可以每天運動、每天喝足夠的水、每天十一點就上床睡覺，我寫上「吃飽」、「喝足夠的水」、「睡飽」，這是我To do list上最基本也最重要的事情。每天能在這三項事情上打勾，就是生活的小小成就。

無數小小的成就，帶來一天一天的改變。所以我在今年的To do list是騎車二百公里、路跑十公里；下一個目標是騎車三百公里、二十一公里半馬；六十歲那年要跑全馬、泳度日月潭，這夢想很酷吧！

你的To do list又寫了些什麼呢？

❖ 一日北高自我挑戰之與民眾相互加油打氣。

❖ 一日北高自我挑戰之騎車英姿。

20 好人做事是爲別人，不是爲自己

二〇一六年，立法委員敗選那一天，我有些心灰意冷，這次選舉讓我看清臺灣社會還是陷在藍綠對決的氛圍中，內耗嚴重無法前進，選賢與能依然只是空談。加上我抱病參選，原本身體很差，選完感覺更虛弱，因而萌生了退休念頭，畢竟當議員都當了快二十年，是時候該交棒了。

但有些人一路相挺，我還是得跟他們報告我的動態；像柯文哲市長在我選立委期間曾多次幫我站臺，所以我發了個簡訊給他，謝謝他過去的支持；並告訴他，我們打過了美好的一仗，但未來，我想退休。我不再參選，但會繼續幫他把市政做好。

市長回傳：「妳還很年輕，先去放假（當然要先謝票），休息半個月再回來，一切重新開始。不要說什麼人生最後一場選舉，好人做事是為了別人，不是為了自己，所以先休息再說。我如果能放假一星期，我想去東海岸看海發呆。」

他的這句「好人做事是為了別人，不是為了自己。」像一道閃電打在我身上。

是啊，選舉是很殘酷的，但我選舉、從政，從來都不是為了自己，不是為了自己的位子，更不是為了自己的聲望、名譽，或是利益。

後來，我真的在寒流天開車去淡水漁人碼頭看海，想體會一下柯市長看海發呆的境界。

回想第一次參加選舉的初衷，我就是希望能當修改法律的人，不要再讓法律傷害人民，更希望能站在執政者的位子上，進而成為黃茂榮教授說的：「去成為體制內的人，去成為從內部改變不公不義的人。」

一次又一次的選戰，都是希望能夠福國利民，能夠改變這個社會的不公不義。

柯市長後來又說：「妳不要說什麼退休，妳是個利他的人，如果妳都不服務了，很可惜。」

我想著，一路上服務過的選民，想著幫他們解決困難之後，他們發自心底的笑容。這笑容不只他們開心，也療癒了我。助人真的很快樂，所以我一路當民代，都做得都很開心，能幫助民眾解決問題，又能改變這個社會。

為什麼要讓一次（好啦！其實是兩次）選舉的失利影響了我的目標？

❖ 選舉過程很殘酷，但我從政都不是為了自己。

柯市長的話點醒了我，「好人做事是為了別人」如果我參政的目標是為了成就自己，那我選輸了，選累了，就不要再選好了。

但我不是。我從第一天開始服務選民，拜訪選民，我就不是為了自己，難道落選了就不用福國利民、不用扳正社會上的不公不義嗎？難道選輸了，我就冷眼旁觀法律繼續傷害人民嗎？

既然都不是，落選就絕對不是世界末日，只是下一個使命的開端，像柯文哲市長講的：「一切重新開始」。

人很奇妙，當眼光只放在自己身上的時候，小事情也會放大；但把眼光放遠，小挫折、小起伏，只是一個小小休止符，絕對不是主題曲。

我知道自己的使命所在，既然下定決心要為大眾服務，挫折、失敗都不值得花時間去憂心，時間就應該放在值得的事情上。於是，我開始正面思考，腦袋裡不記不好的事情，只留位子給好的事情，整天能吃得好、睡得好，有什麼好脆弱？有什麼好喪志？又有什麼好煩惱？

重新開始，歸零再出發。所以，我，才會成為現在的我。

❖ 看著臺北市日新月異的市容，柯P與我都是無限歡喜。

21 手上的那條紅線

很多朋友都對我右手腕上繫的紅線很好奇，這條紅線在我手上已經六年多了，其中有一段淵源。

二〇一五年一月，我病癒出院以後，身邊的朋友可說是全體總動員，「卯」起來幫忙。有位長輩每個星期陪著我去看中醫，盯著我吃藥。另一位朋友派他的管家到家裡照顧我，還有一位助理乾脆到我家住了兩個月，陪伴我和兒子，他深怕萬一臨時有狀況，我兒子會手忙腳亂。朋友們更是熱心的幫我安排各種醫生，名醫、神醫、中醫、西醫，一一拜見，這陣容應該是元首級的醫療團隊了。

❖ 繫在手上的紅線，除了是平安符，也讓我時時敬天愛人。做正義的事情，上天會當我們的靠山。

我說，「你們對我這麼好，我怎麼辦？怎麼回報？」他們都說，「妳好好養病就好。」還有不只一位朋友跟我說，「珊珊，萬一真的出了問題，放心，妳的小孩我們來顧，一定會好好把他養大。」

我很感動，但又覺得他們實在是……忍不住發自內心的說，「有你們這些好朋友，我此生已經死而無憾了啦！」

在養病的過程中有許多奇遇，其中一次是到南港的廟裡參拜，遇到一位師姐。師姐看著我說，「妳手上應該綁條紅線，讓神明時時可以照看妳。」我聽了心裡忽然有種很溫暖的感受，直覺自己與神明很有緣，所以從那一天起，紅線就一直繫在我手上。

小時候曾經接觸過各種宗教，後來我發現每次身體不舒服，或心裡不安定的時候，如果能去廟裡走一走，心情就覺得平靜很多，連身體的疼痛也消散。

所以即使不是選舉期間，只要有空，我都會找時間去廟裡拜拜，只要身在其間，就覺得內心很清涼與舒適。

而綁在手上的這條紅線，就像直通神明的電話線，每當心裡有困擾，手摸紅線，安靜冥想，用意念把問題寄給神明。很奇妙，過了不久就像收到回信，腦海中會浮現出一些新的想法，讓問題迎刃而解。

有幾次開協調會，各單位的意見扞格不入，我們怎麼喬都找不到平衡點，雙方越談越僵，這時候我就喊停，請大家先休息一下，我先離開現場，到外面透透氣，利用這個空檔，摸著紅線祝禱。

五分鐘後再回到會議現場，腳才踏進去，他們告訴我，已經都談好了！原來雙方在這段時間都重新考慮了，一邊願意讓步，另一邊也就不那麼堅持，奇妙的達成共識。很讚吧！

總之，心情安定了之後，確實讓頭腦比較清楚，其實人只要不糾結在一個點上鑽牛角尖，反而能看清全貌。

我天不怕、地不怕，手腕上的這條紅線像是護身符，能帶來心靈平靜。有時候知道接下來會遇到比較困難的事情，我也會觸摸紅線祝禱，讓心靈充電。綁上紅線之後的每一天，我都覺得心很安定，很有安全感。

我曾去過世界各地許多的宗教聖地，各個宗教可能有不同的名字、不同的教義、不同的神明，但主軸類似，都是向善。這些信仰能夠流傳千年，絕對有其道理。

像在梵蒂岡，我參與過教宗彌撒，永生難忘；也去過伊斯坦堡看美麗絕倫的藍色清真寺；最愛巴塞隆納的聖家堂，肅穆中又充滿活力，一百多年了，還持續興建中。不同的神明都有成千上萬虔誠的信徒，每個神明都有各自偉大的故事與神蹟，讓信徒學習與跟隨，虔誠信徒應該都感受過宗教帶來的平靜力量。

我認為，不論哪種宗教，不論哪一位神明，都希望人心向善，只要人們能夠敬天畏神，多行好事，就能讓世界變好。

繫在手上的紅線，除了是平安符，安定自己的身心之外，也讓我時時敬天愛人，時時謙卑。我相信人定勝天，但也相信天外有天，做對的事情，做正義的事情，相信上天會當我們的靠山，讓我們走得更堅定。

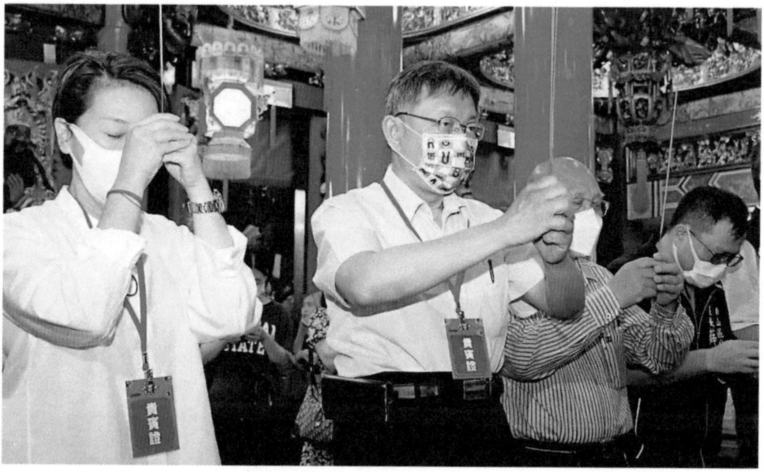

❖ 不論哪種宗教，都能讓人內心平靜。只要虔誠敬天，就能讓好事發生。

22 一雙讓母子共同成長的拖鞋

從小我就很有主見，對自己要做什麼事情、要穿什麼衣服鞋子，都很有主張，甚至連結婚、離婚，都是已經決定了才通知媽媽，她也都尊重我。

我記得有一次小哥犯了錯，推到我頭上，我從小就是善惡分明、絕對不能接受不公不義，當然據理力爭，結果媽媽不知道到底該信誰，決定兩個都處罰。

小哥的個性是遇強則弱，他口口聲聲是妹妹的錯，但媽媽一打，他立刻求饒，「媽媽我錯了！」「媽媽我會改！」「媽媽再給我一次機會！」讓媽媽打不下去。

但媽媽打我，我還是大聲抗議我沒錯、是媽媽弄錯了，完全不認錯、不討饒，覺得我是烈士、媽媽根本就是大昏君。

媽媽後來從小哥的態度就知道兇手是小哥，但她還是處罰我，邊處罰邊說，「小美，看你強、看你強的！」

媽媽覺得我的個性太硬，早晚會吃大虧，所以她不是為了犯錯而處罰我，是希望我學會修正態度，她只希望我放軟身段說句「媽媽不要打我，不要再生氣了！」就沒事了。

但我才不妥協，明明我是對的，怎麼可以因為你是我媽，你說我做錯了，我就做錯了！才不！絕不！媽媽等著我示弱，但我偏不！明明眼前就擺一支棍子，我還要硬撞上去挨打，打沒兩下，她只好拋下棍子，遇到這樣的小女兒，真沒輒啊！

這樣的我，長大之後當上律師、又當選議員，更有主見、更堅持信念，換句話說，更倔強！

成為媽媽之後，當然不希望自己是威權式的媽媽，在兒子很小的時候，我就開始讓他學會自己的事情自己決定、自己負責，把選擇權交給兒子。

像讀書，我給他很多資源讓他選擇自己喜歡的才藝課程，他自己決定要去考一所不同體制的學校，這確實會對他的人生帶來大變化、而且聽說極難考，但他想考、就讓他去考，他也考上了。

這段過程我能做的就是幫他分析幾個選項的優缺點，至於他要怎麼選擇，我都尊重。我很早就跟他說，他可以支配自己的零用錢，主導權在他，但我也請他把兩個觀念放在心裡。

第一個觀念，負責。決定之後，後果要自行負責。

第二個觀念，任何決定都要想一想未來會不會後悔？如果可能會後悔，那現在為什麼要做？

兒子跟一般青少年一樣，對於目前正在流行什麼很敏感。有一次逛街，他在某間店裡發現一雙鞋，興奮的直說不可思議，因為這雙鞋太稀有了，他找了好久，從沒親眼看過，那是一個廣受年輕人熱愛的品牌。

我跟過去看，發現那是一雙「拖鞋」。對，就是兩隻拖鞋……而且怎麼看，也就是雙拖鞋，上面並沒有鑲鑽。一看標價，換算匯率下來居然要臺幣上萬元！天價的……拖鞋。

我沒有當場爆炸，我心裡知道這種時刻對我們母子來說，是很重要的「關鍵時刻」，要謹慎處理。

他當我兒子這麼多年，當然知道我可能會開口反對他買，於是他說，他真的很想要這雙拖鞋，甚至願意拿出他所有的壓歲錢、零用錢等存款，來買這雙上萬元的「拖鞋」。他說：「媽媽，這雙鞋太稀有、太少見，將來一定會增值，可以當作投資，以後一定會漲價，而且穩賺不賠。」

身為媽媽的我，到底該怎麼跟他談這件事情？如果我堅持不准他買，他會一輩子記得這雙拖鞋，還記得是媽媽禁止他買，他連自己存下來的零用錢都不能用。是媽媽「害」他失去了這雙鞋，也失去了後面漲價獲利的空間。

而且得不到的最美好。他會永遠記得有一雙完美的拖鞋，就在媽媽的強力介入下，迫使他跟這雙拖鞋分開，這雙拖鞋是他看過最棒、最美、最值得擁有、最穩賺不賠的一雙，可惜媽媽沒眼光。但他對這雙鞋的感情將海枯石爛、此情不渝。

我才沒那麼笨，我也看過很多好萊塢電影好嗎！

所以我跟兒子說，這鞋真的很貴，但我相信你有足夠的判斷力，你現在可以好好的考慮一下，要不要買，你自己決定。

接著，我去跟店員溝通。我告訴他，我知道他很想把這雙天價拖鞋賣給我兒子，但也請尊重我是他媽媽。店員應該接到我眼神當中「咻！」對他射出的那道雷射光，他說他瞭解。

我乾脆離開這家店，站在外面，讓兒子留在裡面自己思考。

滴答滴答，時間過去。最後，兒子出來告訴我，他決定還是不買了，這筆錢有更好的用途。

我內心大大地鬆了一口氣，這個時刻對我們母子來說，實在是一個重要的「關鍵時刻」，因為他早晚要學會自己做決定，早晚要學會全方位思考，不只看喜不喜歡、渴不渴望，還要能分辨什麼是需要、什麼是想要。

我知道，這會是一道漫長的過程，他的人生往後還會遇到許多挑戰，有些選擇後來證明是對的，一定也會有些決定未來發現是錯的，對錯不是重點，而是他要從中學會負責、學會不要做讓自己後悔的事情。

身為單親媽媽，我從小讓他學習負責、學會獨立，請他不要想靠我，更不能靠我，所以我很少出現在他的學校，除了班上同學家長，很少人知道他媽媽是誰？現在兒子念大學，更沒有同學知道他媽媽是誰。

❖ 當兒子長到比我高，我就該學會信任他，知道他會從人生經歷中學會衡量得失，學會照顧自己。

我常跟兒子說，如果自己不努力，只想佔別人便宜、坐享其成，那其實是沒有出息的人。我衷心希望他能靠自己的本事打天下，不是因為是黃珊珊的兒子才受人重視，更希望有一天，我被介紹為「某某某的媽媽」，以他為榮！

23 努力不一定有機會，但不努力就一定沒機會

我當律師的時候，有位當事人委託我打一個一千多萬元的民事訴訟，跟當事人分析案情與勝訴率時，我說，這個案子我們應該會贏。

可惜，一審輸，二審輸，三審輸，後來到更一審、更二審還是輸。最後上訴到更三審，判決出爐，我們又敗訴。這官司一路打了十三年，當年剛出生的小嬰兒，後來都上國一了，始終沒贏過。

身為律師的我當然很傷心，但我也知道當事人一定更傷心。這位當事人頗有資產，覺得官司讓他心理負擔好重，好像心頭上壓了一塊大石頭很不舒服，

太折磨人。

他說：「珊珊，算了，我還是給錢好了！」

我說：「不行！我再幫你打更四審，繼續努力看看。」他原本打算就此停損，把錢給對方，不想再糾纏下去，起碼生活可以恢復寧靜。但看我這麼堅持，實在拗不過我，就讓我再努力一次。

好在更四審峰迴路轉，這次法官採用了我們的法律見解，判我們勝訴定讞，省了兩千萬元。

當事人對我說，「還好妳很堅持，不然我真會把這兩千萬送給對方。」

我的想法很單純，努力不一定有機會，但不努力，一定沒有機會。不對的事情當然不應該接受，只要不放棄找回公平正義，起碼還有機會改變局勢。

無論是法律訴訟或是法律服務，法律的訓練讓我習慣把自己的角色抽離，很客觀地從第三者的角度、從法官的角度審視雙方的理由，看誰的說法比較有道理，因為打官司並不是讓當事兩造說服對方，而是要能說服法官。

所以面對個案與當事人，我都會先假設自己是法官，從法官的角度（也像是上帝的角度）看雙方的是非曲直，不受情緒干擾，如此才不會糾結在當事人的世界裡面，去除所有偏見之後，有幾分證據說幾分話，這樣才客觀。

回到這個民事訴訟的案

❖ 努力不一定有機會，但不努力一定沒機會。我會持續實踐自己的理想，一點點進步，直到改變這個城市、改變這個社會、改變這個世界。

子，我的判斷是，本來就不該給對方這筆錢，雖然過去十三年法官都不支持我的法律見解，但我知道這個見解沒錯。如果我們不上訴，等於放棄給公平正義一個機會，所以當然要一路打下去。

長達十三年的纏訟真的很磨人，尤其前面幾次敗訴讓我很氣餒，但我也告訴自己，「正義」就是需要一點傻勁，才能堅持到水落石出。

勝訴之後，有朋友問我是不是想到什麼奇招？為什麼法官忽然轉彎了？我說沒有，法律不是演戲，沒有高潮，沒有伏筆，更沒有周星馳電影裡的奇招。從更一審打到更四審，我寫的理由都是一樣的，最高法院撤銷原判決，發回更審四次，因為我知道這個見解是對的，從沒變過。只是到了更四審才終於有法官採用我們的見解。

勝訴並不意外，但能一路抗壓，堅持到勝訴，讓我格外有成就感。

一直以來，我都相信法治是民主的基礎，同一套法律，眾生一體適用，這樣才有公平可言。公平與法治是公民社會的基礎，如果這個社會沒有公平，那再努力也沒有意義；如果沒有法治，大家只能比拳頭，不就又回到弱肉強食的原始社會？

兒子小時候看到電視播出立法院打架的畫面（其實一直到他長大成人，還是有這種畫面），他問我，「媽媽，他們在做什麼？」

身為媽媽、律師還有議員，我還真沒辦法向小孩解釋他們在做什麼，因為我一直告訴他，同學之間意見不同，應該要做的是說明、是溝通，不是打架。溝通之後，如果還是意見不同，若是與大家有關的事情，那就來表決，尊重多數人的意見。若是自己沒辦法改變的事，那也要對眾人清楚說明自己的意見，讓主導者去做決定。

小學生可以接受這樣的作法，我們的社會也應該如此，既然已經有民主制度，委託民意代表來代表人民，選民會知道誰代表民意，誰違背民意，在下一輪選舉做出選擇。

制度是這樣規劃，但我們實際上，還是在比拳頭。

這時，我又想到黃茂榮教授說的話，「去成為體制內的人，去成為從內部改變不公不義的人。」所以我告訴自己，既然已經站在臺灣的民主殿堂裡了，我不表演，我不靠大小聲、哇哇叫來吸引媒體，我還是做自己該做的事情。該做的事情就是每天相信自己的理念，每天持續的進步，每天在我的能力範圍之內做到一點點公平，每天反抗一點威權。只要每天改變一點點，一步一步的，我們絕對可以改變這個世界。

但如果不做，就永遠不會開始；不開始，就永遠不會進步。每天一點點進步，愚公也可以移山。我會持續地推動自己的夢想，一點點進步，直到改變這個城市，改變這個社會，改變這個世界。

24 腐木總有一天會傾倒

二〇一五年時網路上出現了一張很特別的照片，引起全球廣泛討論，照片裡不是外星人，而是一件洋裝。網友意見分為兩派，大約有半數覺得那件洋裝很明顯是白底金條紋，但另一半人說，明明就是黑底藍條紋，兩邊各有支持者，也都完全不敢相信怎麼會有人看成另一組顏色，所以這件洋裝到底是什麼顏色？「一件洋裝，各自表述」，就成為當時的網路熱門話題。

兩邊爭執不休，甚至網友還質疑選擇另一方的人一定是色盲，因為相片這麼明顯，怎麼可能看錯。後來記者根據線索，溯源找出這件洋裝，一旦放在充足的光線之下，顯而易見這就是一件黑底藍條紋的洋裝，沒想到拍成照片之後會讓眼睛誤判為白色與金色。就這麼簡單，這就是真相。

臺灣的狀況也跟這件洋裝很像，大家都有思想自由，但對很多新聞的理解與認知卻截然不同，還有不少夫妻、親子、朋友、同學因此翻臉反目。

好比COVID-19疫情在臺灣到底管控得好不好？高端疫苗到底好不好？臺灣的經濟狀況到底好不好？臺灣如果發生戰事，美國到底會不會派兵馳援？每個人都有不同的答案。

我覺得這樣挺好，代表我們確實思想自由。不過，面對公眾事務，還是必須找出客觀的真實，知道真實，才能在相同的基礎之上交流意見。不然討論都只是流於情緒，搞不好還讓假訊息掩蓋了真事實。

法律給我的訓練，就是可以拿掉情緒，拿掉立場，只看客觀事實。好比二

○二一年十二月二十一日，民進黨立法院黨團提案，將民國一一一年中央政府總預算自各委員會抽出，逕付二讀，並且以人數優勢表決通過。

這是個離譜的行為，完全錯誤。一方面讓立法委員無法行使職權、審查預算；另一方面也違反總預算審查規定。可是民進黨團卻讓黨籍立委全數投下同意票。

這麼多年來，不管立法院如何對抗，不論誰執政，執政黨都沒有把中央政府年度總預算抽出委員會逕付二讀的紀錄。所以此招一出，全民傻眼，怎麼會有這種事？

民進黨執政，又擁有立法院過半的立委席次，執政的是他們，監督的也是他們，結果預算居然不經過委員會審查。這件事情對不對？當然不對。

可是這麼強大的政黨裡，沒人想對這麼重大的爭議發表評論，沒有人想要改變這一切，代表所有人都麻木了，這是不是腐化的前兆？一棵樹內部腐朽了，外表可能看起來好好的，開枝散葉一切正常，但日子一久，腐木一定會倒，只是遲早問題。

而且所有團體都一樣，出了問題，如果大家都放任不管，一定會腐化。就像生病不醫治可能導致死亡，食物在室溫放久了會腐敗，雄偉的宮殿沒有人居住維護，一樣會傾頹毀壞，這就是自然法則。一家公司如果出現經營危機，沒人在乎，公司

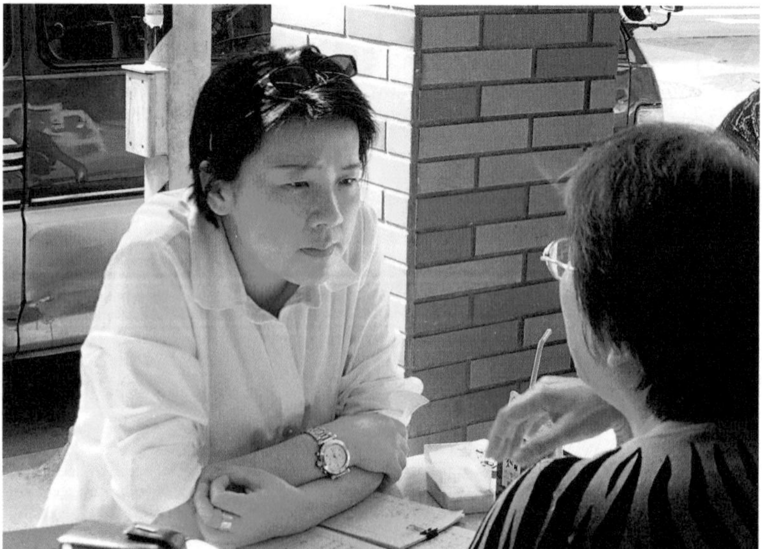

❖ 所有團體都一樣，出了問題，如果大家都放任不管，一定會腐化，腐木一定會傾倒，只是時間早晚的問題。

倒閉指日可待；一個政黨如果失去理想，黨員一談到選舉，就想搶位子，分酬庸，把福國利民當口號，很快就會讓選民唾棄。

我曾親眼目睹這一幕，白天還歡天喜地預祝晚上的當選，每個人都分了個好位子；沒想到幾個小時之後，美夢結束，所有人都走了，只剩一地跌碎的眼鏡，根本沒人願意留下來善後。看來位子就是他們的共同理念，沒有位子，自然就沒有理念了。這樣的團體根本無法留住人才。

❖ 法律給我的訓練就是可以拿掉情緒、拿掉立場，只看客觀事實。

如果不想腐化，永遠都有機會補救，只要有人願意當吹哨者，一發現不對勁，就出來大聲疾呼，讓大家一起想辦法；看到不公不義，就要揭露，改善，因為忍耐與妥協無法找回公平正義。

總預算逕付二讀的爭議事件，在媒體與學者的強力批判下，終於在事發兩天後，經由朝野協商退回委員會審查，沒有創下這個惡例。

二十多年前，我參與選舉是因為看到不公不義、看到法律傷害民眾，讓我坐立難安，非要做些什麼不可，就是這個心願支持我一路走到現在，未來也會持續往前走。

對於不公義，我一定會不平則鳴。因為我知道，大樹一旦成為腐木，有一天一定會倒，只是時間早晚的問題。

25 五十歲換跑道

人到中年，往往會面臨是不是該換跑道的焦慮，有些時候是因為在職涯中卡住了，在公司裡升不上去，發展受限；或是發現這一行的未來希望不大，想試試看自己能否突破瓶頸，開始考慮中年轉業。

也有人被迫轉業，好比有些朋友要陪小孩出國唸書而有移民計畫，或是要回家照顧生病的爸媽，都是我們這輩中年「三明治人」的責任，上一代要顧，下一代也要顧，就沒有工夫照顧自己的需要了。

我有個朋友原本工作表現很好，媽媽中風十年，他都請外勞居家照顧。他們住在沒有電梯的公寓，每天他必須跟外勞合力扛著媽媽上下樓梯，媽媽才能外出吹風、曬太陽。可是年限期滿，外勞要回國，接續的新外勞居然在他們家做了兩個星期就跑了！法令規定當外勞行蹤不明，雇主要暫停半年才能恢復申請，他捨不得把媽媽送去長照機構，他覺得媽媽一定會很難過，怎麼辦？他只好放下工作，自己來照顧媽媽，結果沒過多久就閃到腰，動彈不得。

他打電話來向我求助，我幫他找了還有空床的養老院，解決他的燃眉之急。我說，如果未來還是想把媽媽接回家，政府有日間照顧中心，也有社區喘息服務，總之，讓他可以兼顧家庭與工作，不見得一定要辭掉自己的工作，不用為了照顧家人就必須放棄自己的夢想。

無論任何原因需要換跑道，大家不要忘了，現在社會福利有許多支援的力量。我很希望我們的政府，可以讓中年人不要再犧牲自己，甚至中年還是可以追夢。

❖ 同仁視角之市政會議的微笑。

我自己也是在中年轉換跑道，二十八歲當議員，四十九歲轉去當副市長。我在快五十歲的時候換工作，變成公務員。

五十歲還換工作，能力不是問題，需要的是勇氣。

記得柯市長問我要不要當副市長的那天，我說我要想一想。

我回家問兒子，「柯市長找我當副市長，你覺得怎麼樣？如果當副市長，以後就更沒有時間陪你了！」我心裡有點愧疚，議員時期已經很忙了，再當副市長，恐怕跟兒子能相處的時間還要再打三折。沒想到兒子很酷的看著我說，「妳常常叫我追夢，我知道這也是妳的夢想，妳就去追啊！」

眼前的兒子真是超帥，而且他好懂我。

二十八歲參選議員的時候，我根本沒有意識到這個舉動叫做「從政」，也沒想過我此後就會變成「政治人物」，當時心中唯一的想法就是，「我想要去修改法律，讓法律不再傷人」，就這麼簡單。

參與選舉二十多年，但我問政時從沒想過「選舉」，從來沒有想過「這個案子可以拿到幾票」，也不用質詢來交換選票，我只在乎這件事情是不是能夠幫助人，是不是能夠讓民眾過更好的日子，是不是能讓國家有更好、更長遠的發展，這才是我當議員的目標，選票從來不是我的動機。如果二十年來我天天盤算這裡有幾票、那裡有幾票，做每件事情都要折換成選票，那真是不必活了！

我四十九歲當副市長，還是一樣的理由，我要福國利民。因為議員監督市政，影響力其實有限，我一直很希望能夠成為體制內的人，從內部來改革制度、改變這個社會、進而改變這個國家。當副市長能夠做到議員二十多年都做不到的事情，這個新挑戰讓我躍躍欲試。

所以，我答應柯市長，進入體制，改革體制。

中年轉業有兩大優勢，一是能力與經驗，畢竟已經累積了二、三十年的工作經驗，能力是一定有的；二是耕耘與累積，過去所有的努力都是耕耘，吸收了許多養分，只要有本事，就能在新的領域上收成。

好比我過去當了二十多年議員，每天都很認真，所有事情親力親為，從不鬼混。所以我知道市政府各局處的職掌，我知道法規沿革的過程與修改的理由，我還知道許多個案的來龍去脈。當議員的時候，市府官員沒有辦法糊弄我。當了副市長，同仁還會問我怎麼會知道這麼多，我說：「因為我當議員沒打混，我很認真。」

❖ 50歲還換工作，需要勇氣；幸好過去我很認真。

後來市府同仁甚至覺得我就是個市政字典，什麼事情問我，比google還快又深入。沒辦法，因為我認真。認真的把事情做好，不僅讓我每天都很快樂，還幫我累積了大量實戰經驗。這才發現，過去所有的努力都不曾白費，都充實了自己的本事。

就好像民國一一一年的學測讓考生哀鴻遍野，因為數學的題目太難了，不少考生走出考場就哭了，崩潰地認為一次考試，就讓過去三年在數學上的努力完全白費。我真心告訴大家，只要努力過、認真過，都不會白費，因為會內化成自己的素養。就像我高三讀第三類組、大一讀大氣科學，後來雖然轉到法律系，但這兩年的努力也沒有白費，理工科的訓練讓我對邏輯思考特別在行，在讀法律系、當律師、當議員、甚至當副市長的工作上，都需要運用邏輯來釐清事實，真的沒有白費。

如果你也五十歲了，也到了該不該轉行的關卡，也面臨到發展瓶頸與壓力，其實不用考慮太多，問問自己，如果要留下來，有沒有未來？如果要走出去，有沒有勇氣突破？即使熟齡，我們也應該保有追求夢想的勇氣。

但也要提醒各位，到了這個年紀，有個好位子從天上掉下來固然很驚喜，但也要接得住，不然就變成「誤入叢林的小白兔」（又是個資深政治人物才懂的哏）。萬一坐在好位子上卻坐得不安穩，又會是另一個難題了。

26 爲什麼找黃珊珊當副市長？

二〇一九年十月十六日，我成為臺北市副市長。有人問柯文哲市長，為什麼找黃珊珊？

他說，因為他當市長之後，看我問政這麼多年以來，發現我從來不會在質詢時對市府官員大小聲，也不會情緒失控。而且我提出來的質詢，都是可以執行的方案。他覺得很奇怪，到底我是怎麼做到的。

像是國宅蓋在危險山坡地上，要不要花公帑補強？要花，等於是市府要列預算幫助非公務單位做建設；不花，市民的生命安全永遠受到威脅。所以我做完所有功課，花了十多年去爭取預算。

又像是海砂屋，我更替市民感到很無奈，海砂屋多危險，可是重建的程序多難。以前南港某國宅是海砂屋，馬市長任內遲遲不賠償補助，房子是市府蓋的，用了海砂當建材，居民住在裡面，過得提心吊膽，擔心頭頂砂石隨時會掉下來。但因為居民買了房子就是私產，所以市府只能「依法行政」。言下之意就是：那房子是你的，我幫你重蓋就是「圖利他人」⋯⋯。

為了這「依法行政」四個字，我爭取了十多年，戴著安全帽在海砂屋裡好多次會勘，才拆除重建。

還有，海砂屋鑑定的問題。某社區四樓的整座陽臺無預警崩落，樓下陽臺以及馬路上都是不斷掉落的瓦礫石塊，最大的石塊比一個人高，幸好當時沒有人經過，否則後果不堪設想。大家都知道這一定是海砂屋，住戶們也想都更重

❖ 2018年柯文哲市長專程來站台助選，盛情感人。

建，但光是走一個「海砂屋認定程序」，就看不到盡頭。

我們的法規是：建管處公告原則手冊，裡面對於鑑定報告書要含括哪些內容摘要，都有詳細規定。接著公告某些公會或單位可以辦理海砂屋鑑定，並且出具鑑定報告書，規劃得十分完善。

可是，拿到報告書之後還得全部重來一次，因為這份報告要經過審議會審查通過，才算完成鑑定。

我覺得完全不合理。建管處提出的合格標準，建管處找來的合格評審，做出的結論，還要另外的評審來評這群評審是否公正！豈不代表官方也質疑前面的公會或單位不具鑑定力？既然不具鑑定力，那為何要民眾走這一長串流程？

官員答覆我質詢的時候說，是因為曾有官司發現鑑定報告有問題，為了補強這塊才加入審議會。我知道中間曾出了差池，所以也預期他會如此答覆；但我說，某份鑑定報告有問題，應該要檢討這家鑑定單位為什麼沒按照原則手冊出具報告書，應該對這個單位的鑑定資格嚴加審核或乾脆取消才對，怎麼會是一竿子打翻所有人，讓所有案子都得多走審議會程序？一來一往得多花幾年的時間，多少人流離失所回不了家？

連顯然有立即危險的海砂屋，都能在認定程序上遭遇這麼多困難（我不想說「刁難」），住戶怎麼相信市府有誠意想要解決海砂屋都更的問題，民眾又怎麼能相信市府真心想讓大家好好過日子？

我提出的要求是「海砂屋迅行劃定」，必須在三個月內完成，加速更新進度。另外，經認定是海砂屋後，如果社區申請迅行劃定，應直接採用建管處的認定，不要再依《都市危險及老舊建築物加速重建條例》再走一次，讓整個更新重建程序再加快。

直到柯文哲市長才終於從善如流，採納了我的建議。迅速推動好幾個海砂屋改建案，讓民眾可以有個安全的住家。

所以，柯市長肯定我所提出來的質詢都是可以執行的方案。我心裡想的是，當然啊！不然民眾會讓我六連任嗎？

柯市長的觀點，確實是一位醫生的觀察，看外顯的症狀與數據，就可以推理出內在的狀況。他在市長的位子上看久了、聽多了，看政治人物做事情的動機、索求的代價，就可以看出這個人內心渴望的到底是私利還是公益。

議員就是天天跟民眾站在一起，幫民眾想辦法，其實也是幫市府想辦法來解決民眾的問題。當我跟他要的都是福國利民的政策與預算，他知道我心存百姓；如果我跟他要的是安插人事，他就會知道我只想經營私人裙帶關係。

當議員二十多年，我經歷了馬英九、郝龍斌、柯文哲三任市長，前兩任市長對於我的提案通常不太在意，其實我的質詢二十多年來，品質一直沒變過，都是希望福國利民，在不違法的情況之下，幫無助的市民想想辦法。

可是前面兩任市長對我同樣用心的質詢，通常下場都是「帶回研究」，他們不想做的，官樣文章回覆之後，就沒下文了，但我窮追猛打，從不放棄。到了柯市長任內，他會答覆我，也會回答其他議員。我們質詢的執行狀況與結果，哪些成功，哪些遇到了什麼困難所以還沒成功。我能從這份答覆體會到他是真的想做事。所以我願意從議員換跑道，進入市府當副市長。

位子變了，但心情沒有變。

我一直相信，政府做事就應該積極主動，並且必須有公信力，必須讓民眾信任政府。所以對民眾有利的事情，應該大加宣導，全力促成，不要光拿「依法行政」當擋箭牌。

政府應該是「服務」的團隊，不該是管理、裁罰、監督民眾的行政團隊；政府的領導階層要有為民眾服務的真心，實際執行者才會想辦法完成，社會才會進步。

❖ 柯文哲市長說：黃珊珊當議員時，提出的都是可執行的方案，沒有私人利益。

27 都什麼年代了，別含淚投票

我打過六次議員選戰，加上兩次立委選舉，八次經驗下來，我最不喜歡聽到什麼「含淚投票」、「還誰一個公道」，難道選舉永遠都只能哭哭啼啼的這麼悲情、這麼痛苦嗎？

記得我第一次出來選議員，雖然我什麼都沒有，但也什麼都不怕！存款只有八萬，還要標會來籌措競選經費，可是那次選得好開心。每回出去掃街拜票，就像一場歡樂嘉年華會。

前導是把我們競選總部當安親班的小六男生陳宥丞（今年換他出來選），

他拿著麥克風用童稚的聲音說：「各位叔叔伯伯阿姨，請支持黃珊珊。」

後面是我的朋友們組成的志工團。大家都笑著跟民眾打招呼聊天，因為能把我們的政見拿出來跟大家分享，就是值得開心的事情。

好的事情，就要開開心心跟大家分享，讓更多人知道。我們當時從零出發，展開一場歡樂選舉，後來高票當選。

當選的那天，我覺得好開心喔！而且選舉讓我發現，我只是付出一點點，但民眾給我的回饋是超過好幾百倍的熱情。

我在法律服務時間為民眾義務提供法律服務，聽他們問我：車禍怎麼辦？離婚怎麼辦？這些對我來說都是很簡單的小事，能出一點點微小的力量幫助人，解決他人的痛苦，我很開心。但沒想到我只付出了一點點，可是民眾不論認識的、不認識的，都主動給我支持與鼓勵。

在拜票的過程中，我感受到這個社會的善意。大家對我說，「這麼年輕，好好做，我會支持妳！」他們也不問我到底是誰，看到一個年輕女孩子願意服務社會，理念很好，他們就投票支持了。

第一次的選舉結果，有二萬六千二百四十六人投票給我。其實我一開始只認識其中的四個人，就是我的高中同班同學一家人，真沒想到後來有這麼多人願意信任我。我得承擔起責任，只要當一天的議員，就絕對要對得起他們的信任。

一路走來，二十多年過去了，我的心情始終一樣，有好的政見想要跟大家分享，希望有機會好好實踐。所以心情還是很歡樂的，可是環境卻大不相同。

隨著藍綠對立嚴重，每次選舉都會有人操作棄保，好像臺灣只剩藍綠，沒有其他。

不在政策上辯論，只搞政黨對立，只想製造仇恨，難道不能開開心心、盡心盡力的選舉嗎？

在這種邏輯下，選舉不是「選你想支持的人」，變質成「怎麼讓你討厭的人不要當選」，只要討厭的不讓他當選，甚至寧願犧牲自己內心支持認同的候選人？這樣對嗎？

難道在政黨的壓力下，提個豬頭，你也投給他嗎？雖然很多人批評我影射某人是豬頭，但我的本意確實與人選無關，而是要請政黨不要低估民眾。

這個年代還想操作「含淚投票」、「忍痛支持」，把選舉搞得像是要在自己身上割一刀，何苦？有什麼好含淚的？又不是面臨世界末日。連特斯拉執行長馬斯克（Elon Musk）都能實踐他看似天方夜譚的計畫，讓火箭升空之後，還能倒退回地球，回收再利用。為什麼我們到今天，還不能

❖ 一路走來，始終認真。這樣才對得起人民，對得起自己的良心。

擺脫政黨的束縛，相信自己的理念？

我真心覺得選舉不需要這樣，選舉就該回歸到選舉本質——選賢與能。不然社會怎麼進步？每個選民都不一樣，有不一樣的人生，當然會有不一樣的關心重點，本來就該支持自己覺得對的對象，讓這個社會可以多元發展。

我從小就覺得人應該說出自己的主張，才能造成改變。像我在基隆做法律服務，看到那麼多人受到法律的傷害，發自內心覺得這些當然要改變，所以我才有出來參選的動機。

如果我不把想法說出來，或是我只想把這些對社會的夢想寄託在旁人身上，期待旁人來實現，那這些改變都不會發生。

如果我不出聲，不去改變，不去修改傷害人的法律，我們的民法現在還是父債子償，還是有小孩們苦哈哈地繼承完全沒見過面的雙親、甚至祖父母留下的債務，而不能翻身，賠上他們的一輩子。

我沒辦法眼睜睜看這些事情持續不斷地發生，所以我參選了，大聲說出我的意見，告訴大家，我要改變這些不合理、傷害人的法律；雖然花了點時間，但真的改正過來了！

如果不表達意見、不說出看法，這個世界的悲劇不會始終與我們無關，總有一天會傷害到我們自己，讓大家一起陷在泥沼裡，原地踏步，逃生無門。

也許因為我是家裡的老么，上面的哥哥姊姊和爸爸媽媽，年齡全都比我大很多，都想管我，反而養成了我對抗威權、表達意見的習慣，我生平最討厭旁人來下指導棋。

如果我不堅持自己的意見，他們就會以為我會照他們的意思走，所以我總是倔強、清楚地說出我的想法，不論在讀書、在就業、在婚姻上，我都清楚知道自己要什麼，也清楚的告訴他們，我想要什麼，堅決走上自己選擇的路。

從小到大，我都覺得不公不義就是不對，希特勒為什麼會變成希特勒？為什麼沒有人告訴他大屠殺是錯的！

如果我面對希特勒，我也會跟希特勒說，你這樣屠殺猶太人是不對的。假設當年有一個人可以不顧一切的勸阻希特勒，帶動十人、百人、千萬人阻止他，悲劇也許就不會發生了。

如果大家都不說，都盤算著，反正他要殺的是那些「別人」，是「他們」，又不是我，也不是我家人朋友，那我就別囉唆了！接下來，當然就會發生我們已經看到的歷史。

我們華人社會比較不鼓勵跟旁人有不同意見。我經常在會議與演講上問，各位有沒有意見？通常都是一片死寂，因為我們已經習慣不發表意見，免得大家覺得我跟其他人不一樣。

不一樣又怎樣？人本來就不一樣啊！

所以我不論在哪裡，任何一個會議，任何一個會勘或是聚會上，如果現在討論的議題，我有意見就一定會說出口，絕對會清楚的告訴大家，我的意見。

我的意見可能不會被採納，也許其他人已經有了自己的想法，我也尊重；但我的想法是這樣……我一定會把自己的想法陳述清楚。至於未來你們要決定怎麼做，我都尊重，但不能讓我沒有講話和陳述意見的機會。

我覺得不對的事情，就不能接受，這一輩子都不可能接受。有人說，妳這樣跟主流意見不一樣，不擔心被當成「異類」嗎？

我說，難道就因為怕當異類，就要接受不公不義的事情嗎？原本不贊同的事情，難道只因為爸爸媽媽說你要接受，你就接受嗎？只是因為黨派說你要接受，你就接受嗎？那如果是國家元首說你要接受，你就接受嗎？

這都是一以貫之的道理，人要有獨立思考的能力。為什麼到了選舉，大家就能說出什麼「大局為重」、「含淚投票」這類的話？明明你不贊成，到了選舉就必須贊成，這是什麼道理？我怎麼想都想不通。

我之所以敢這麼說出自己的想法，是因為我知道天無絕人之路，不管在哪個領域，說出自己的意見都是天經地義，我表達自己的意見會不會死？既然不會死，那有什麼好怕的？

有人擔心會丟了工作，會失去原本的社會地位；我從不擔心，在臺灣難道會餓死嗎？如果有心，什麼工作不能做？

如果害怕失去就什麼都不敢說、什麼都不敢做，畏首畏尾，整天戴著假面具，那你能活得開心嗎？

所以各位，想要改變社會，就必須學會尊重自己的想法，堅持說出自己的意見，千萬別再含淚投票了！

❖ 人就應該說出自己的主張，才有機會造成改變。選舉就該選賢與能，不然社會怎麼進步？（圖右：陳宥丞）

28 無招勝有招

我小時候很喜歡看武俠小說，像古龍的《楚留香》，還有金庸的所有作品，一有空我就去租書店借書來看，讀教科書都沒有讀武俠小說那麼認真。

到了五十歲，我發現金庸寫小說跟人生一樣，都走上化繁為簡的路數。

我年輕時要穿上套裝，威風凜凜的出征，跟世界戰鬥；但現在反而知道「招式」無用，因為招式會用老，反而給自己帶來框架。真正厲害的人，都是無招勝有招。

金庸一開始寫主角，都會給主角擁有神功與奇遇，凌波微步，九陰白骨爪，天下無敵；意外找到很厲害的武器，倚天劍、屠龍刀，琳瑯滿目。但後來繁花落盡，出現「乾坤大挪移」，把對方的力道轉成我的力量，再還給對方。

這招很厲害，借力使力，扭轉乾坤，能夠用圓融的態度不硬碰硬，還是能夠化解危機，同樣解決問題，也不用打的日月無光、屍橫遍野、兩敗俱傷，確實是高招。

現在我學的是另外一招——韋小寶。金庸晚期的《鹿鼎記》則跟上面的作品都不一樣，主角韋小寶沒有了不起的神功，也沒有驚天動地的武器，說穿了，就是個小痞子。他也是金庸小說裡面，唯一沒有成為頂尖武功高手的主角。初讀《鹿鼎記》時，我年紀還太小，不太懂其中隱喻，只覺得韋小寶這個角色好好笑。但到了現在的年紀，更能體會金庸如此安排的心思。

金庸寫了十多年武俠小說，看遍世事人情，把心得濃縮在韋小寶的身上；用「減法」塑造這個角色，所有功能性全都去除，這個角色不需要炫目武功、極品武器，就剩下一個核心，也就是「個性」。

每個人處理事情的方法都跟他的個性有關，而個性決定命運。

好比衝動的人，一遇意見不合之人或事，就拿出棒球棍打打殺殺，以為打贏者可以大聲說話，卻沒想到打架贏了卻賠掉自己的人生。

解決事情的方法有千萬種，打殺雖然能夠發洩情緒，但代價其實相對是最高的。而且這麼多種解決方法的最終結果，其實只有兩種，不是成功，就是失敗。

這跟人生好像啊！如果千萬種方法能成功，何苦一定要動刀槍？能說之以情，動之以理，也是解法。難怪金庸寫完《鹿鼎記》之後，後面就寫不出更厲害的招式來，因為無招勝有招，他已經證明武俠世界裡，最重要的不是武功。

我覺得韋小寶最厲害的武器，是他很會溝通的個性，看到任何人都能溝

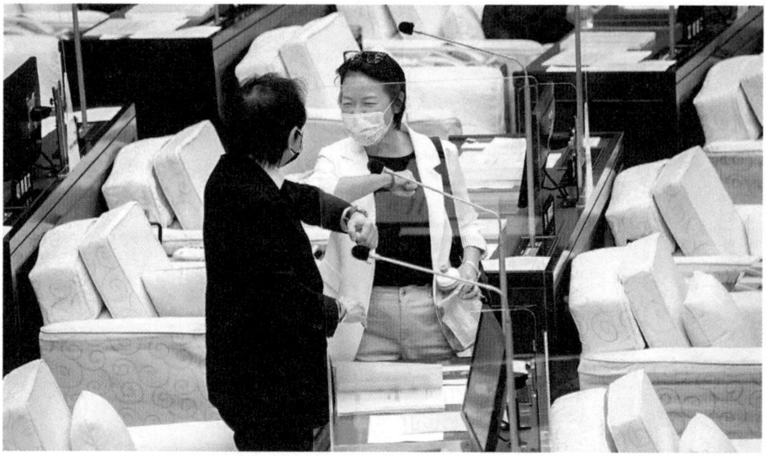

❖ 現在的我多了點笑容，與王世堅議員的互動，是不是也很可愛？

通，從清朝康熙皇帝到天地會的老大，他都能在溝通過程中得到對方全然的信任。而且他心中有公義，儘管做了很多的瞎事，但他心底有條底線，不會出賣弟兄，不會出賣國家，連俄羅斯公主要他叛國，他想都不想就回絕。大家喜歡這個角色，因為他看起來是個小無賴，在道德上又有無數瑕疵，可是他有底線，在品格上值得敬佩。

以前的我，很像郭靖、黃蓉那個年代的英雄，胸懷百姓，背負著巨大的理想出發，想辦法對抗威權，甚至壯烈到願意為了大我而犧牲小我，天天為理想出征。無論在法庭上、在議場上，都要氣勢磅礡的提出訴求，希望說出口的每一句話，都能讓對手啞口無言，讓對手感受到我的氣場，征服他！

這也讓我變得不好親近。同事後來告訴我，生病之前，他們跟我講話如果沒有做好萬全準備，常常被我問的「無地自容」。我說，這什麼形容詞啊，有這麼嚴重嗎？

他們說，現在的我好多了！現在我也還是持續為了公義，為了福國利民奮鬥，但多了一點不同，多了一點點韋小寶的細胞，多了一點幽默與笑容。只要想到我的每一天都是「賺」來的，打從心底覺得世界上真的沒有什麼值得生氣。面對問題，處理事情的時候，才不會被情緒帶著走，才能看清真相。

現在我處理事情的習慣還是跟以前一樣，經過詳細的分析，找到問題的核心，研究核心來找出解決方案，但我會在態度上退後一步。

就好比前一陣子有個協調會，市場改建，需要重新安排批發市場裡面的零售攤位。六十多年來，這些零售攤位都是一直由原承銷人使用到現在，聽說新市場要重新簽約的消息之後，攤商覺得市政府就是要搶走他們的攤位，逼他們走上絕路。

這個案子其實早該處理，但一拖六十年，從沒成功處理過。因為過去的作法就是兩個，選擇一是政府硬起來依法行政、民眾以死相逼，無疾而終。選擇二就是妥協，不處理。不管選哪一個，都沒有結果。六十年下來，終於到了市場改建，不處理不行的懸崖邊上。

市府的立場認為當然需要納管，市場是市府的，農產公司是承租人，承銷人要使用零售攤位，總要和公司簽約，市府才知道這個攤位是租給誰。尤其在疫情期間，進出市場都需要做健康管理，不可能再像過去一樣睜一隻眼、閉一隻眼。

這次我們協調的時候，先列出對方的需求，他們需要的就是一個養家活口的攤子，而市政府其實不反對，因為零售商對市民太重要了。全臺北的蔬菜供應是民生大事，市府也很感謝攤商照顧了大家的三餐。

所以接下來就要處理以前沒有管理，現在要一一簽約的問題。當攤商們開口說這是他們世世代代傳承的事業，但是公有市場裡的攤位絕對不是私人財產，是公共所有，怎麼可能讓私人世世代代傳承？這點讓市民一定沒辦法接受。

任何事情都牽涉情理法，於是我們就從這裡切入，提出了保障承銷人的作法：三年一簽。如果父親在這段期間過世，兒子可以繼承租約的權利。但還是必須比較承銷批發的累計數量，達到一定的數量才可以續簽。

對北市府來說，我們把最好的攤位租給業績最好的承銷人，是天經地義的

❖ 所謂無招勝有招，就是想一想對方的立場與需求，再提出應變之道。

事情；對承銷人來說，只要好好做生意，就能續約，保障了他們的生意，又符合公眾利益。所以他們最後同意簽約，一舉解決了六十年來的難題。

想跟韋小寶一樣靠一張嘴暢行天下，就要先讀懂對方的訴求，順著對方的思路，想一想對方的立場與需求，就能無招勝有招，想出應變之道。因為所謂溝通，就是站在對方的立場思考，圓融解決問題。

29

人生開心就賺到了

老天爺給了我樂觀的個性，我頗能自得其樂，整天都很開心。雖然小時候體弱多病，但我記憶中的童年只有好玩的印象，不愉快的事情早就從腦海自動刪除。尤其現在的我，每天都做好該做的事，開開心心的睡覺，開開心心的起床，開開心心的面對每一天。每一天都是最好的每一天。

為什麼開心對我來說這麼重要？因為工作上，我要處理的是人們生命中負面的事情，如果出門不帶著正面能量，該怎麼面對一整天沉重事務的衝擊？

每天來找我求助的民眾，都在他們的生命低谷，他們需要找律師打官司，需要找議員陳情，需要急難救助，所以我的工作有一大半是當心理醫生，傾聽他們說話，在聊天的時候開導他們，想辦法讓當事人的情緒平靜下來，畢竟官司與陳情都只是一時的，後面的人生才是重要。尤其生過一場大病之後，我體會到生命太短暫了，細胞太珍貴了，怎麼有空浪費細胞去生氣？當然要開開心心的活著，這樣才夠本。

我有幾個讓自己活得好的祕訣：

首先，睡覺的時候一定要心情愉快。我的想法很簡單，就算明天醒不過來，起碼我今天睡覺的時候特別開心，就賺到了！

其次，每天都要開心的過。因為意外跟明天不知道哪個會先到，每個人都有可能明天就走掉了，那我今天更應該活得開心、笑得夠本。因為知道生命短暫，就算有天大的煩惱，只要把明天看做是生命中的最後一天，再大的煩惱也立刻變得微不足道。

也因為知道生命短暫，所以想做的事情要立刻做，想達成的夢想要立刻執行，因為人生真的沒有那麼多時間可以等待。

生死關頭走過一遭，反而讓我很容易開心，很難煩惱，連面對難題也不會影響心情。因為面對難題的第一個觀念，就是千萬不能拖。

我從小就有今日事、今日畢的好習慣。今天上過的課，一定會在睡前全部重新複習一次；讀書是這樣，做事也如此，當天開庭或諮詢後的資料，也一定會在當天立刻重看一次；甚至連義務法律服務的案子也一樣，一定當天紀錄歸檔，才能安心入睡，絕對不把事情堆到明天再做。

因為事業跟難題一樣，如果光堆著，只會愈堆愈多，肩膀上的負擔愈馱愈多，想到就鬱悶，長期在這種壓力下，還要不要活啊！所以，一定要學會斷捨離。

❖ U.bike已經是臺北人的日常。又方便，又環保，算是臺北街頭最重要的一景。

遇到複雜的難題，我會發揮律師專長，迅速把事情來龍去脈整理清楚，把問題條理化，挑出其中的關鍵來解決。如果牽涉到很多人的利益，更不能人多口雜、各言爾志，不要花時間東扯西扯，先把焦點放在大家都在意的重點上，抓出核心，直接處理，其他枝節就不要再吵了。

而且政府機關特別不願意當場承諾，習慣用一句「把問題帶回去研究」來轉移焦點。當議員這麼多年，我習慣明快的當場想出對策，當日事當日畢，大家都能神清氣爽的回家。如果現場暫時擱置不解決，那永遠都在空轉，再多的時間也不夠用，生命豈能浪費在等待呢？所以迅速處理難題，也能讓人活得更開心。這是一種心靈的清理與斷捨離，可以減少負擔與壓力。

當問題可以簡化為一個魚骨圖，學會分析出核心問題，解決核心問題，天大的難題也能迎刃而解。所以學會管理人生，管理難題，不必研究心理學，也能每天活得開開心心。

30 爽快！人生別不甘心

柯文哲市長在我眼中有一個優點，就是他很單純。複雜的事情，他反而簡單辦。

好比違建關說、人事請託案，這些都是議員日常的選民服務工作，選民整天追著議員跑、議員就追著市長跑，三不五時還出現一些弊案，讓公務員緊張萬分，與弊案相關的民代也寢食難安。

柯市長喜歡講R.C.A.（Root Cause Analysis），翻譯成中文是「根本原因分析」。這是在醫院還有飛安等單位調查重大傷亡原因時經常使用的工具。簡單來說，就是找問題，從類似案例找線索，釐清肇事原因，建立預防措施。

好比違建關說案，問題就是民眾家裡有違建，被檢舉了但不想拆。全臺灣到處都有類似的案例，民意代表與政府部門都花了大量的時間處理這類事情，因為違建太多了，列管之後，誰先拆？誰後拆？民代請託的案子到底能不能拆？讓主管機關也很煩惱，而在拆與不拆之間的模糊空間，就是黑箱的運作空間。

我建議市府建立一個違建爭議處理平臺，議員的請託案全都放在這個平臺上。公開透明，反而單純。民代對選民請託有交待，也讓大家都知道

❖ 柯文哲市長在我眼中有一個優點，就是他很單純。

裡面沒有運作空間，反而解決議員長期關於違建的困擾。

人事案也是如此，全都放上平臺，公開遴選。久了，就沒人來關說了。把所有事情攤在陽光下，用簡單的方法解決歷年民代分不清「關說」還是「關心」的困擾。

從事公眾事務，有時候會面臨民眾非理性的情緒，有人拍桌、有人大喊大叫，還時常有民眾不分青紅皂白的刁難公務員。

如果不能跳脫到第三者的角度來看，情緒會相互傳染，很容易被民眾

❖ 不論是去議會備詢或是視察市政行程，有機會我就會趕緊跟柯市長溝通，一起嗡嗡嗡，為臺北加油！

帶著走。你大聲，那我比你更大聲，這下子怎麼收場？

後來我發現最佳處理原則就是，回到傳統上所謂的「父母官」角色，既然是父母，看到小孩失控，會先安撫小孩，問小孩到底發生什麼事情？父母官也應如此。

安撫民眾情緒，讓他慢慢陳述。讓他知道，我們很想瞭解你為什麼這麼激動？你經歷了什麼事情？民眾多半會因為感受到關懷而平靜下來。

因為看過太多沉重的生老病死，我自己的人生也經過很多歷練，有時候覺得自己像個平靜且淡定的老人家，對於跌宕起伏已能高高舉起，輕輕放下，不帶情緒地解決這些人世間的難題。

為什麼不帶情緒？因為如果跟著民眾一起難過一起哭，在鏡頭上可能很煽情，但根本解決不了問題，只會讓民眾心中的死結擰得更緊。更多時候是要幫民眾找出這一切經歷的意義。我有時候會跟當事人、陳情人分享，人生的不圓滿，是老天爺給的人生功課，就是希望我們能重新出發，往前走。

好比許多人找我諮商離婚的事情，其實目前臺北市每兩對結婚，就會有一對離婚，是百分之四十到五十的離婚率，因此，離婚在現在的社會上已經不是一個負面的標籤，而是越來越常見的社會現象。

很多人覺得離婚是婚姻「失敗」。我倒覺得不需要這麼負面，比較類似換工作的狀況，我們不會說換工作是因為上一份工作「失敗」了，未來應該也會這樣看待婚姻狀況；不是失敗，而是改變，讓雙方選擇不同的人生路。

而且夫妻會離婚，其實只有當事人知道他們之間發生了什麼事情，其他人都是外人，不必去揣測、不必去評論、更不必去安慰，因為這是他們的人生，

❖ 我和柯市長其實都是單純的人，也都沒有私心。

與外人無關。誰又能判斷其中的是非曲直？這工作就留給老天爺來做吧！

有些當事人告訴我，敗訴之後他覺得很不甘心；我說，不甘心能改變嗎？何必把自己放在「不甘心」的受害人位置，讓自己的心這麼辛苦？就當是上輩子欠他的，這輩子還他，還清了就能向前走。還有很多朋友抱怨人生對他不公平，我說抱怨能改變嗎？既然不能改變，何不乾脆一點，就從現在起，爽快地過自己的人生吧！

因為人生的任何遭遇都不是缺陷，而是全新的挑戰。

31

臭臉珊的夢想

以前助理常告訴我，要多笑，因為記者們幫我取了綽號叫做「臭臉珊」。他們發現我只要面對鏡頭，表情一定特別嚴肅，而且如果我覺得題目不值得問，還會當著鏡頭說，「你們問這些很無聊欸！」有時候我發現題目本身資訊有誤，也會面無表情的更正資訊，然後加一句：「你們不能多關心國家大事嗎？」我疑惑，這樣說有錯嗎？記者怎麼不去關心跟國家民生有關的大事？助理就勸我：「珊珊，妳要體諒他們，他們也是在工作。」

我以前覺得媒體記者很難相處，我覺得重要的事情，他們不太在乎；他們在乎的，卻又是我覺得根本不重要的事，所以有一陣子我的新聞很少，卻樂得輕鬆。

生了一場大病之後，我開始正面看待身邊的事情。其實記者們也是想要傳遞訊息給大眾，所以我告訴自己，起碼要學會跟媒體和平共存。

疫情期間，我更意識到記者是民眾的唯一資訊來源，是他們冒著自己的生命危險進入第一線，把資訊源源不絕提供給民眾，所以我必須好好學會面對記者。

團隊幫我惡補媒體課程，他們告訴我，面對記者只要記得兩件事情：第一、如果這個問題我不想回答，可以不要回答，微笑就好。第二、千萬不要說「這個我不回答」，更不要反問記者：「這件事情有什麼關係？」

他們說，這樣會引起記者反感。不過，我還是改不掉。好比要不要參選臺北市市長？這真是個值得問的問題嗎？我已經被這個問題反覆轟炸了幾個月。

我覺得每一家公司裡的每一個員工，即使是櫃台的總機妹妹，只要認真努力，都可以夢想有一天能當上總經理，而且確實有這樣的先例。

記者每天追著我問，要不要參選市長？這個問題本身到底有什麼意義？我想當就能當嗎？當然還是要靠努力。所以，每次他們這麼問，我就回答，「謝謝，但現階段，我就先做好自己的事。」

這樣的畫面一再重複，不知道記者朋友們會不會跟我一樣覺得很乏味……

至於我的臭臉，這是職業所需。當律師時，每句話說出口前都必須謹慎思考，絕不能犯錯，臉上表情當然很嚴肅，久了就定型了。其實只要問不同的問題，我也可以笑得很開心，所以各位記者朋友，要不要換下一題？

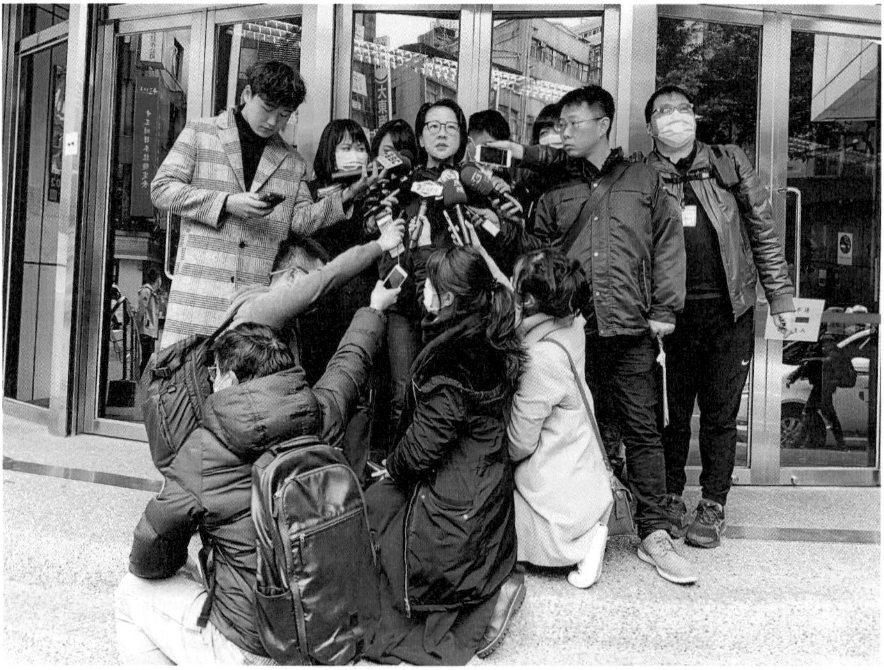

❖ 我真心覺得即使是櫃台的總機妹妹，只要認真努力，都可以夢想有一天能當上總經理。

32 以年輕人爲師

最近身邊的工作人員多了很多二、三十歲的年輕人，看著他們工作的方式，對我這個「年過半百」的人來說，很有啟發。三十歲以下的年輕人跟我們五、六年級生，相差了二十年。

這二十年，剛好是高科技

❖ 現在年輕人根本不是草莓族，他們運用科技的能力早已改變他們看世界的方法。

突飛猛進的年代。他們這代人一出生就有行動電話，一歲就看網路影片，在社群媒體的陪伴下長大；有問題就google；聽音樂不必買CD，只要連上網；甚至他們所讀的「書」，跟我們的定義都不同。

好比我經常覺得兒子為什麼從來不肯坐下好好看書呢？我在他這個年紀，手邊永遠都有一堆看不完的書，整天看書，就算不看考試的書，也會是看小說、刊物等等，手上一定有本東西可以閱讀。我看他整天玩電腦，打電動，看影片，就是不看「書」，決定跟他好好溝通。

我問他：「你怎麼都不看書？」

「我有啊。」

「我沒看過你看啊。」

「拜託，我們的書都在雲端。」

原來他們的功課、小組討論、上課講義、參考書目全都在雲端，所以根本不需要「翻開書」，打開電腦就能看書。電腦已經取代了我們所習慣看到一本一本的書了。而書，已經變成一種懷舊的符號。

他們這代人資訊獲得太快速，當我們經驗中的「寫報告」要去圖書館翻書、查資料、作筆記的時候，他們早已經光速完成報告。而且網路上有各種教學影片，從修水管到幫寵物看病，幾乎任何問題都能在網路裡找到解答，甚至還有普通人自己拆開手機學維修，全程拍下來與同好網友分享，看了讚嘆不已。

不看書，也有部分原因是書上寫的資料都已經太老舊。網路時代的一切都以倍速進行，兩三年就是一個世代的差異，所以看著現在的IG世代，難免會有「數位落差」的感嘆。進步的是他們，落伍的是我們。我們中年人確實該跟年輕人好好學習，免得他們看到我們，就像看到「長輩圖」，被看扁了。

該學什麼呢？最近讓我驚艷的是年輕人思考非常快速。

我幾次走訪參觀臺北市的新創基地，發現裡面的年輕人都太厲害了。他們的思維跟我們中年人完全不同，是網路思考的串連方式，不需要什麼都懂，只要能找到高手一同合作，丟出自己的想法，就激發出更多新點子、新生意。

我發現現在的年輕人根本不是草莓族，他們運用科技的能力，早已改變他們看世界的方法與學習、

❖ 這是我在市議會的33團隊，每個人年資十年起跳。

❖ 年輕人讓我覺得有活力、有希望。照片中的年輕夥伴就是我在議員時期的工作團隊。

做事的速度，應該是我們改向他們學習，才能更有效率地解決未來會發生的問題。

未來一定是「英雄出少年」的時代，因為年輕人有兩個優勢，他們有傻勁與衝勁。

傻，所以不需要瞻前顧後，也不需要一再評估檢討，因為nothing to lose，沒什麼可以失去的。正因為傻到什麼都不怕，所以衝得特別有勁，可以跑在最前面，開創新局面。

而且他們在網路世代長大，網路上網友太多了，真實世界裡根本沒見過面的人，都能組團打Game。人與人之間的距離與地域觀念，不像過去那麼絕對，反正大家都在網路上，丟到哪裡都能活，跟誰都有得聊，適應環境的能力強，什麼都願意試試看，所以腳一跨出去，下一步就能站起來了。

我以前也是這樣，很年輕就當上小老闆，帶著一群跟我年齡相仿的同事一同衝刺，當事人隨口一句「她會打官司嗎？」而激勵我變得更強。當時我眼中只看得到目標，才會憑著一股傻勁參選。如果不是因為年輕，這一切都不會發生。

曾經也是又傻又會衝的我，有段時間覺得整體社會氣氛壞到谷底，因為各種選戰讓人際關係充滿肅殺之氣，隨處可見抹黑與刻意扭曲的報導，反倒是看到新創基地的這些年輕人，才覺得社會有希望、有活力。

所以，別說年輕人是草莓族，更不要小看年輕人、輕視年輕人，因為年輕人根本不怕這些歧視眼光，唯一會受傷的，反而是這些看不出年輕人價值的僵化眼光，畢竟，我們也都曾是又傻又有衝勁的年輕人。

33 二〇五〇年的你，會在哪裡？

二〇二一年五月十四日，臺北市政府在萬華開設剝皮寮快篩站。那時臺灣只有AZ疫苗，醫生說我不適合打AZ，因為我正在服用藥物。但職責所在，我還是每天往當時疫情最嚴重的萬華跑。大家都很擔心我，深怕我沒打疫苗，一不小心就會感染新冠病毒。

我怕不怕？說真的，我一點都不怕。一方面是因為生過那場大病之後，每一天我都覺得是多賺的；另一方面，我知道萬華的市民比我更害怕，但他們還是願意站出來篩檢，甚至有人直接帶著行李箱來，準備萬一檢測是陽性就去隔離，不想給家人朋友添麻煩。

❖ 同仁視角之副市長辦公室一隅。

❖ 2021 年第一次參加路跑，只跑了 5 公里，然後 2022 年我決定加碼，完成了 10 公里路跑。

我每天看著這些勇敢的人們，心中真的是萬分感動，但又要刻意表現得很平靜，因為我知道，如果連我都害怕，情緒激動，萬華的民眾怎麼辦？

我對臺北這個城市從來沒有怕，只有感恩。打從我十五歲獨自一個人上臺北讀書，臺北給予我太多恩惠，如果沒有這麼多人的幫助，一個小女孩怎麼可能走到現在？

人家對我的好，都是上天給我的禮物。所以當我可以用法律專業來幫助人，減輕旁人的痛苦，可以回饋社會，這份成就感讓我非常開心。

從小到大，生命賦予我的一切都是美好的。沒有任何事情是人家虧欠我，非要給我不可，更不認為我對人家好，對方就應該還給我什麼不可。所以每次選舉結束，我都會好好的謝謝志工幫忙助選，謝謝這個人讓我貼海報，謝謝所有幫我拉過票的人；絕對不會因為上回他有幫忙，這回沒幫，我就心存怨恨，因為我知道人家沒有理由一直幫我。能在這段過程中得到任何幫助，我都是感恩的。對我來說，每次都是開心選舉，快樂投票，不需要廝殺。

最近看著北市府團隊聚在一起討論未來一年的計畫願景，我們談著二〇五〇淨零排放議題，還有後疫情時代產業轉型與因應等等議題，忍不住想起自己從政的初衷。

二十多年前的我，參選是希望幫助弱勢民眾，改掉不合理的法律。二十多年後的我，還在朝這個目標邁進，希望成為那個在體制內改革不公不義的人。

這二十多年來，我每天都記得這個目標。每天持續多做到一點公平，多減少一點不公平，從律師到議員、到副市長，每天我都堅信，靠我們的力量可以改變臺北，可以改變臺灣，可以改變世界。

這真的不是遙不可及的夢想，只要每個人都願意每天改變一點點、多做一點點、多進步一點點，就能從改造自己周遭開始，進而改變這個城市，改善大環境，改革我們的國家，接下來就能改變世界。

改變是有步驟的，第一步，建立勇敢嘗試的心態，願意去挑戰自己過去覺得做不到的事情；接下來是設定目標，目標確認之後就簡單了，只要一步一步每天往前走，每天進步一點點，總有一天，會完成我們設定的目標。

當律師的時候，我的目標是追求公平正義，保障人權。這段歷程引導我參選當上議員；成為議員之後，我的目標是監督政府，為民服務。這二十年的努力，又引導我走上臺北市副市長的路。

成為臺北市副市長之後，我的目標是城市治理與福國利民，等於結合了幼年時期報效國家的夢，加上二十歲對公平正義的理想，以及年長後多年在臺北

❖ 每個人願意改變一點點、多做一點點、多進步一點點，就能改造自己周遭，進而改變這個城市，改善我們的國家，接下來就能改變世界。

市政上的實戰經驗，我真心相信，只要能改變臺北，就能改變臺灣，只要能改變臺灣，就能改變世界。

你覺得，二〇五〇年的你會在哪裡？

無論你在哪裡，讓我們一起每天多挑戰一點以為自己做不到的事，每天堅定的往前走，堅定的改變這個世界。

國家圖書館出版品預行編目資料

黃珊珊：33個人生故事/黃珊珊著. -- 一版. -- 臺北市：商周出版：英屬蓋曼群島商家庭傳媒股份有限公司城邦分公司發行, 2022.06　面；　公分. -- (ViewPoint ; 109)
ISBN 978-626-318-258-5(平裝)

1.CST: 黃珊珊 2.CST: 自傳 3.CST: 臺灣

783.3886　　111005048

ViewPoint 109

黃珊珊：33個人生故事

作　　者／黃珊珊
文字整理／王蓉
企劃選書／黃靖卉
責任編輯／彭子宸

版　　權／吳亭儀、林易萱、江欣瑜
行銷業務／周佑潔、黃崇華、張媖茜、賴正祐
總 編 輯／黃靖卉
總 經 理／彭之琬
事業群總經理／黃淑貞
發 行 人／何飛鵬
法律顧問／元禾法律事務所王子文律師
出　　版／商周出版
臺北市104民生東路二段141號9樓
電話：(02) 25007008　傳真：(02)25007759
blog: http://bwp25007008.pixnet.net/blog
E-mail：bwp.service@cite.com.tw
發　　行／英屬蓋曼群島商家庭傳媒股份有限公司城邦分公司
臺北市中山區民生東路二段141號2樓
書虫客服服務專線：02-25007718；25007719
24小時傳真專線：02-25001990；25001991
服務時間：週一至週五上午09:30-12:00；下午13:30-17:00
劃撥帳號：19863813；戶名：書虫股份有限公司
讀者服務信箱：service@readingclub.com.tw
城邦讀書花園 www.cite.com.tw
香港發行所／城邦（香港）出版集團
香港灣仔駱克道193號東超商業中心1樓_E-mail : hkcite@biznetvigator.com
電話：(852) 25086231　傳真：(852) 25789337
馬新發行所／城邦（馬新）出版集團【Cite (M) Sdn Bhd】
41, Jalan Radin Anum, Bandar Baru Sri Petaling, 57000 Kuala Lumpur, Malaysia.
電話：(603) 90578822　傳真：(603) 90576622

封面設計／徐璽設計工作室
版面設計／林曉涵
印　　刷／中原造像股份有限公司
經 銷 商／聯合發行股份有限公司
新北市231新店區寶橋路235巷6弄6號2樓電話：(02) 29178022　傳真：(02) 29110053

■2022年7月12日一版一刷　　Printed in Taiwan
定價380元

城邦讀書花園
www.cite.com.tw
 ISBN 978-626-318-258-5　eISBN 9786263182622 (EPUB)

商周出版

廣	告	回	函
北區郵政管理登記證			
北臺字第000791號			
郵資已付，免貼郵票			

104 台北市民生東路二段141號2樓

英屬蓋曼群島商家庭傳媒股份有限公司城邦分公司 收

請沿虛線對摺，謝謝！

商周出版

書號：BU3109　　書名：黃珊珊：33個人生故事　　編碼：

請於此處用膠水黏貼

商周出版

讀者回函卡

不定期好禮相贈！
立即加入：商周出版
Facebook 粉絲團

感謝您購買我們出版的書籍！請費心填寫此回函卡，我們將不定期寄上城邦集團最新的出版訊息。

姓名：＿＿＿＿＿＿＿＿＿＿＿＿＿＿ 性別：☐男 ☐女

生日：西元＿＿＿＿＿＿年＿＿＿＿＿＿月＿＿＿＿＿＿日

地址：＿＿＿＿＿＿＿＿＿＿＿＿＿＿＿＿＿＿＿＿

聯絡電話：＿＿＿＿＿＿＿＿＿＿ 傳真：＿＿＿＿＿＿＿＿＿＿

E-mail ：

學歷：☐ 1. 小學 ☐ 2. 國中 ☐ 3. 高中 ☐ 4. 大學 ☐ 5. 研究所以上

職業：☐ 1. 學生 ☐ 2. 軍公教 ☐ 3. 服務 ☐ 4. 金融 ☐ 5. 製造 ☐ 6. 資訊
☐ 7. 傳播 ☐ 8. 自由業 ☐ 9. 農漁牧 ☐ 10. 家管 ☐ 11. 退休
☐ 12. 其他＿＿＿＿＿＿＿＿＿＿＿＿＿＿

您從何種方式得知本書消息？

☐ 1. 書店 ☐ 2. 網路 ☐ 3. 報紙 ☐ 4. 雜誌 ☐ 5. 廣播 ☐ 6. 電視
☐ 7. 親友推薦 ☐ 8. 其他＿＿＿＿＿＿＿＿＿＿

您通常以何種方式購書？

☐ 1. 書店 ☐ 2. 網路 ☐ 3. 傳真訂購 ☐ 4. 郵局劃撥 ☐ 5. 其他＿＿＿＿

您喜歡閱讀那些類別的書籍？

☐ 1. 財經商業 ☐ 2. 自然科學 ☐ 3. 歷史 ☐ 4. 法律 ☐ 5. 文學
☐ 6. 休閒旅遊 ☐ 7. 小說 ☐ 8. 人物傳記 ☐ 9. 生活、勵志 ☐ 10. 其他

對我們的建議：＿＿＿＿＿＿＿＿＿＿＿＿＿＿＿＿＿＿＿＿

請於此處用膠水黏貼